암웨이 신화

THE DREAM
THAT WILL NOT DIE

영원히 사라지지 않는 꿈
암웨이 신화

지은이 / 찰스 폴 콘
옮긴이 / 박 옥

도서출판 나라

차 례

서문 _ 7

1장   파트너 _ 15
2장   오늘날의 암웨이 _ 38
3장   신화와 오해 _ 46
4장   운영방식에 따라 달라지는 사업 _ 59
5장   덱스터 _ 70
6장   버디 _ 82
7장   시어스를 넘어 _ 88
8장   예거, 사업을 보다 _ 98
9장   시스템을 만들다 _ 110

10장　사라지지 않는 꿈을 잡아라 _ 123
11장　괴로움과 성장 _ 136
12장　꿈 _ 147
13장　힐더브랜드에서 온 남자 _ 155
14장　세계 경제의 동향 _ 164
15장　역경 이후의 달콤한 대가 _ 174
16장　아이들의 눈에 비친 암웨이의 세계 _ 184
17장　꿈을 가진 이들의 모임 _ 194

에필로그 _ 225

서문

　　미국 역사상 암웨이 만큼이나 엄청난 파장을 불러일으킨 신생기업의 사례는 거의 찾아볼 수 없다. 그 영향이 어찌나 컸던지 어느 경제전문가는 암웨이를 가리켜 "현세기 최대 관심사인 동시에 널리 알려지지 않은 국제기업"이라고 평가하기도 했다.

　50년 전에 설립된 암웨이는 설립 이후 지금까지 직접판매 업계에서 계속 선두를 지키고 있으며, 그러한 추세는 그칠 줄 모르고 지속되고 있다. 더욱이 암웨이의 이러한 돌풍은 더 이상 미국에서만 볼 수 있는 현상이 아니다. 전 세계적으로 80개가 넘는 지역과 국가에서 사업을 진행하고 있는 암웨이는 미국의 대일본 5대 수출업체 중 하나이며, 특히 라틴아메리카와 동유럽의 신시장에서 엄청난 속도로 성장하고 있다.

그러한 급성장에도 불구하고 암웨이는 아직도 일반 대중에게 신비한 존재로 남아 있는데, 이것은 아마도 암웨이가 믿기 힘들 만큼 갑작스럽게 성공을 거뒀기 때문일지도 모른다. 암웨이라는 이름은 스티븐 킹(Stephen King)의 소설이나 데이비드 레터맨(David Letterman)의 쇼 프로그램 혹은 일반 대중 영화의 대사에 나오는 평범한 단어처럼 귀에 익게 되었다.

그러나 모든 사람에게 그런 친숙함을 주는 암웨이는 여전히 누가 회사를 경영하는지, 어떤 방식으로 운영되는지에 대해 잘 알려져 있지 않다. 그 이유 중 하나는 암웨이가 매우 빠르게 성장하고 있기 때문이다. 비즈니스 관점에서 암웨이는 마치 가속페달을 밟듯 급속도로 변화가 일어나고 있으며, 이로 인해 암웨이에 관한 2,30년 전의 이미지 및 사고방식은 지금은 더 이상 통용되지 않을 수 있다.

또 다른 이유는 암웨이가 전 세계에서 수많은 방법으로 비즈니스를 연구 및 진행한다는 데 있다. 즉, 암웨이는 지역적인 문화 차이를 고려하고 일선에서 사업을 진행하는 사업자들이 자신의 경영 철학에 따라 비즈니스를 개혁하게 하는 등 사업자의 다양한 개성을 반영한다. 바로 이것이 암웨이 시스템의 본질이다.

　암웨이는 수많은 IBO에게 자신의 방식대로 비즈니스에 변화를 주도록 장려하고 있으며, 적어도 그러한 변화의 시도를 허용하고 있다. 그 이유는 개개인의 능력 및 개성을 인정하고 그들의 독특한 경영 스타일을 사업에 반영하도록 격려하기 위해서이다.

　물론 이러한 시스템은 일반 대중이 납득하기 어려울 수도 있다. 1990년대의 판에 박힌 환경에서 맥도날드는 모두 똑같은 경영방식과 똑같은 매장 스타일을 유지해야 했다. 이것은 세계적으로 유명한 힐튼호텔도 예외가 아니었다. 모든 힐튼호텔의 운영방식이 판에 박힌 듯 똑같았던 것이다. 이러한 프랜차이즈에 익숙한 사람들은 작년에 오마하에서 보았던 암웨이 비즈니스와 올해 코코모에서 본 암웨이 비즈니스가 똑같을 것이라고 생각한다.

　물론 햄버거나 호텔 비즈니스는 똑같은 운영방식을 유지할 수도 있지만, 암웨이는 그것보다 좀더 복잡하고 정교한 방식으로 비즈니스를 진행해 나간다. 따라서 암웨이의 한 IBO가 하는 사업을 보고 암웨이 사업 전체를 평가하는 것은 말이 되지 않는다.

　그동안 암웨이는 수많은 매스컴의 분석 대상이 되어 왔다. 신문과 책, 잡지, 그리고 텔레비전 프로그램이 엄청난 돌풍을 일으키는 암웨이에 비상한 관심을 기울였던 것이다. 더욱이 대중의 관심이 폭발하면서 많은 저자가 이 색다른 비즈니스를 설명하고자 애써왔다. 그러나 수상작가 찰스 폴 콘(Charles Paul Conn)보다 효과적으로 암웨이를 분석해 내고 동시에 상업적으로 커다란 성공을 거둔 이는 없었다.

그는 ≪꿈의 실현The Possible Dream≫라는 책으로 전국의 수많은 독자에게 널리 알려진 작가로, 초기에는 컨트리뮤직 가수 조니 캐시(Johnny Cash)와 미식축구 선수 테리 브래드쇼(Terry Bradshaw) 같은 유명인사와 책을 공동집필하기도 했다.

그는 1975년 암웨이사를 설립한 리치 디보스(Rich Devos) 사장과 함께 책을 공동집필하기 위해 그를 만나면서 처음으로 암웨이를 알게 되었다. 그들이 공동집필한 책은 ≪믿음Believe≫이었는데 출간되자마자 그야말로 날개 돋친 듯 팔려나갔다. 그 후 그는 리치 디보스에 관한 기사를 써서 〈새터데이이브닝포스트Saturday Evening Post〉의 커버스토리에 실었으며, 1977년에는 암웨이로부터 암웨이에 관련된 책의 발행인가를 얻었다.

특히 콘의 저서 ≪꿈의 실현The Possible Dream≫은 선풍적인 인기를 끌면서 〈타임Time〉과 미국 주요 대도시 신문의 Top10 리스트에 올랐으며, 석 달 연속 〈뉴욕타임스The New

York Times〉의 베스트셀러를 차지했다. 또한 미국 출판업계의 잡지 〈퍼블리셔스위클리Publishers Weekly〉는 공식적으로 그 책을 1997년 미국의 '넘버 세븐 베스트셀러'로 선정했다. 나아가 이 책은 영국에서 수백만 부가 발행되었고 여러 나라의 언어로 번역되면서 800만 부 판매라는 경이적인 기록을 세웠다.

이 초유의 히트작으로 콘은 암웨이와 그 독특한 기업 문화에 관한 주제에서만큼은 가장 신뢰할 수 있는 전문가로 인정을 받게 되었다. 이후 몇 년간 그는 그 주제와 관련된 책을 몇 권 집필했는데, 그 역시 모두 베스트셀러가 되었다. 덕분에 콘은 많은 토크쇼에 등장하게 되었고 텔레비전이나 라디오로부터 끊임없이 출연 요청을 받았으며 주요 매체들의 인터뷰 공세를 받았다.

암웨이에 관한 콘의 연구 보고는 책이나 인터뷰 기사에 소개되었고, 이는 1970년 후반과 1980년대 초기에 기업의 성장 및 확장에서 하나의 중요한 지침서로 작용했다. 특히 주요 시장의 핵으로 부상하는 젊고 유망한 기업을 식별할 줄 알았던 그는 아주 중요한 시기에 그러한 기업에 대한 여론을 긍정적인 방향으로 유도함으로써 그 탁월한 능력을 인정받았다.

지금까지 콘은 저널리스트로서의 연구 목적을 달성하기 위해 끊임없이 암웨이를 연구 분석하고 탐구했으며, 암웨이와 밀접한 관계를 유지해 왔다. 그렇다고 그가 암웨이 사업에 직접 뛰어들 거나 그 회사의 직원으로 근무했던 것은 아니다. 그러나 그것이 오히려 객관적인 관점을 유지하는 데 도움을 주었고 덕분에 암웨이를 일반 대중에게 올바르게 소개해 폭넓은 신뢰를 확보했다.

1986년, 콘은 리버럴아트칼리지(Liberal Art College, 학부 중심으로 운영되는 대학)인 리 대학의 학장이 되면서 자유기고가의 일을 그만두었다. 동시에 리 대학을 최고의 대학으로 이끌어 가겠다는 신념 아래 저서 집필도 줄이고 학장으로서 10여 년간 재직했다.

그러다가 1996년 콘은 전 세계적으로 대중의 호기심을 자아내는 암웨이의 세계에 다시 관심을 기울이며 "세상이 바뀌었고 암웨이 역시 바뀌었다"는 말로 자신의 심경을 피력했다. 이는 오늘날의 암웨이와 암웨이 방식이 아닌 것에 관해 다시 한 번 연구 분석하고 그에 관해 집필할 때가 왔다는 것을 암시한다.

특히 콘은 암웨이의 기원을 다룬 자신의 초창기 작품을 현재의 추세 및 실정에 비춰보며 연구했다. 또한 암웨이의 세계가 어떻게 운영되는지 분석하기 위해 하나의 특정 암웨이 비즈니스 그룹에 주목했다. 바로 그러한 노력이 이 책에 고스란히 담겨 있다.

여러분은 이제부터 매우 흥미진진한 이야기를 발견하게 될 것이며, 동시에 명확하고 기억에 남는 그러면서 작은 사실 하나도 왜곡하지 않는 콘의 멋진 스타일에 빠져들게 될 것이다.

THE DREAM
THAT WILL NOT DIE

1장

파트너

　　암웨이는 두 명의 10대 소년이 가벼운 악수를 하면서부터 시작되었다. 당시 제이 밴 앤델(Jay Van Andel)과 리치 디보스는 그랜드래피즈 크리스천 학교에 다니고 있었는데, 열네 살이던 리치는 매일 버스로 등교하는 것에 싫증을 내고 있었다. 그때 마침 그는 자신보다 두 살 위인 제이가 매일 차를 끌고 등교한다는 것을 알게 되었다. 리치는 즉시 제이를 찾아가 제안했다.

　　"내가 자동차 휘발유값으로 매주 25센트를 줄 테니까 매일 학교에 등교할 때 나를 태워줄래?"

제이는 그 제안을 마음에 들어 했고 두 사람의 첫 계약은 순조롭게 이뤄졌다. 그것은 1940년의 일로 당시에는 오늘날의 현실이 그야말로 미지의 세계에 불과했다. 물론 현재의 입장에서도 1940년 하면 그저 까마득히 오래 전이라는 느낌만 다가올 뿐, 그해에 무슨 일이 있었는지 기억을 더듬기조차 어렵다.

1940년은 아돌프 히틀러의 독일 군대가 폴란드와 벨기에를 침공하고 판터탱크(독일 기갑부대에 배치된 중전차)를 앞세워 프랑스 파리로 거침없이 진군했던 해이다. 또한 영화 〈바람과 함께 사라지다Gone With The Wind〉가 아카데미 시상식에서 오스카상을 휩쓸었으며, 수많은 사람이 그 영화를 보기 위해 장사진을 이루기도 했다. 또한 1940년에 개발된 헬리콥터가 첫 시험 비행에서 15분간 공중에 뜨는 것을 보고 사람들이 기대에 부풀기도 했다. 그뿐 아니라 그해에 처음으로 나일론스타킹이 판매에 들어가면서 대도시의 옷가게마다 스타킹을 사기 위한 여성들로 북새통을 이루었다. 한 사람당 2켤레로 제한해 판매를 했음에도 뉴욕에 공급된 총 7만 2,000켤레의 스타킹이 불과 8시간 만에 모두 팔려나갔다고 한다.

정치적인 면에서는 프랭클린 루스벨트(Franklin Roosevelt)가 전례 없이 세 번 연속 대통령직을 수행하려고 대담하게 선거에 뛰어들어 공화당의 웬델 윌키(Wendell Willkie)를 참패시켰다.

또한 그해에 휘발유값은 1갤런에 10센트였으며 샌프란시스코 한량들에게 새로운 구경거리가 된 금문교가 완공되었다. 텔레비전은 아직 연구소에서 개발 중이었고 '갈색 폭격기'로 불리며 전성기를 누리던 헤비급 권투선수 조 루이스(Joe Louis)가 세계를 평정하고 있었다.

미시건주 그랜드래피즈 고등학교에 다니는 총명한 10대 소년이 차를 끌고 학교에 등교하던 때도 1940년이었다. 그는 제이 밴 앤델로 처음에는 자전거를 타고 등교했지만, 집이 이사를 가면서 학교와 멀어지게 되자 그의 아버지는 제이에게 구형 포드를 한 대 사주었다.

어쨌든 버스에 시달리며 등교하는 것에 염증을 내고 있던 디보스는 밴 앤델과의 거래로 새로운 생활을 시작하게 되었다. 밴 앤델의 차와 디보스의 휘발유값이라는 거래는 두 소년 모두에게 만족스럽고 훌륭한 것이었다. 이후 두 사람은 구형 포드의 승객관계가 아니라 암웨이사의 공동창업자로서 나란히 같은 길을 걷게 되었다.

전 세계적으로 사람들의 주목을 받고 있는 회사 중 하나인 암웨이사는 분명 최근 경제사에서 가장 흥미진진한 성공스토리라고 할 수 있다. 1940년 이래 제2차 세계대전과 한국전쟁, 그리고 베트남전쟁이 발발했고 수십 명의 미국 대통령이 백악관에서 근무했으며 〈바람과 함께 사라지다〉는 사라졌다가 추억과 함께 다시 돌아오고 있다. 또한 나일론스타킹은 형형색색의 스타킹으로 바뀌었고 조 루이스가 사라진 링 위에서는 마르시아노(Marciano), 알리(Ali), 타이슨(Tyson)을 이어 많은 권투선수들이 격돌하고 있다.

하지만 여전히 변하지 않는 것이 있다. 금문교는 웅장함을 자랑하며 제자리에 굳건히 서 있고 우리 주변엔 헬리콥터와 텔레비전이 우리의 일상에 편리함을 더해 주고 있다. 그리고 디보스와 밴 앤델 역시 변하지 않았다. 아니, 단순히 변하지 않은 것이 아니라 개인적으로는 말할 것도 없고 팀으로서 함께 성공의 길을 걸었다. 가벼운 악수와 다정한 친구로서의 계약으로부터 출발한 이들은 독특한 사업운영방식으로 세계적인 규모의 개인회사를 창조해냈던 것이다. 그것은 그야말로 매일 아침 포드 자동차로 함께 등교하던 두 명의 10대들이 일궈낸 기적이다.

"사람이 살아가면서 큰 결정을 내리는 경우는 거의 없다. 보통은 작고 사소한 결정이 이어져 인생의 큰 결정이 된다."

리치 디보스가 즐겨 했던 이 말은 수년간 이어진 제이 밴 앤델과의 인연을 뒷받침해 주는 완벽한 예이다. 자동차를 함께 타기로 약속한 것을 계기로 두 사람의 우정이 조금씩 자라나 결국 수십만 명과 매해 수십억 달러의 돈에 직접적인 영향을 미치는 거대한 관계로 발전한 것이 아닌가. 서로의 이익을 나누며 떨어질 수 없는 관계로 밀착된 두 사람은 각자가 상대방의 필요한 부분을 보충해 주며 시작된 관계였다. 결코 두 사람으로 결성된 경영팀을 미리 예상하고 출발한 것이 아니었다. 물론 결과적으로는 그렇게 되었지만 처음에는 단지 서로 함께 있는 것을 즐긴 두 남학생일 뿐이었다.

밴 앤델의 말이 두 사람의 관계를 잘 보여준다.

"가끔 사람들은 리치와 내가 서로 좋아서 함께했다는 것을 잊곤 합니다. 하지만 이유는 단지 그것뿐이었어요. 그냥 서로를 좋아했기 때문에 파트너가 된 거지요. 우리는 함께 어울리는 것이 즐거웠습니다."

미국이 제2차 세계대전에 휘말렸을 때 리보스와 밴 앤델은 육군 항공대에 입대해 전쟁이 끝날 때까지 복무했다. 군 복무 기간 중에 동시에 휴가를 얻어 고향에 오게 된 두 사람은 처음으로 전쟁이 끝나면 함께 사업을 하자고 약속했다.

어느 일요일 밤, 귀대를 앞둔 두 사람은 밤늦게까지 마주앉아 미래를 얘기했고 '모종의 사업'을 함께하기로 합의했다. 그것은 그랜드래피즈 근처의 콤스톡파크(Comstock Park)에서 울브린 에어서비스라는 비행학교 겸 비행기 임대업을 하자는 것이었다.

결국 디보스보다 몇 달 일찍 제대한 밴 앤델이 먼저 사업을 시작했다. 아직 해외에 있던 디보스는 사업 착수금을 절반씩 부담하기로 한 약속을 지키기 위해 아버지에게 편지를 보내 자기가 저축해 둔 700달러를 밴 앤델에게 주도록 부탁했다. 이렇게 해서 디보스가 그랜드래피즈에 돌아왔을 때는 이미 울브린에어서비스가 문을 열게 될 단계까지 사업이 진행되었다. 디보스는 그때를 이렇게 회상했다.

"우리는 뜻하지 않은 장애에 부딪혔어요. 직원도 채용하고 수강생들도 모집했는데 활주로가 아직 완성되지 않았던 겁니다. 그곳에는 거대한 진흙 길밖에 없었습니다. 우리는 임시로 비행장 옆의 강을 이용하기로 했습니다. 곧바로 수상비행기용 부교를 몇 개 마련해 활주로 대신 물 위에서 이착륙을 했죠. 그 작은 활주로 위에 사무실을 열 계획이었는데 이마저도 예정대로 완성되지 않았어요. 그래서 제이가 길 아래 농장에서 닭장을 구입해 활주로에 옮겨놓고 하얗게 페인트칠을 한 다음 '울브린에어서비스'라고 쓴 간판을 걸었지요. 그렇게 사업을 시작한 겁니다."

어려움은 거기서 그치지 않았다. 두 파트너는 자신들이 울브린에어서비스에서 별로 할 일이 없다는 결론을 내리고 활주로에 세운 조립식 건물에 햄버거 가게를 열었다. 이를 위해 일인용 부엌과 건물 주위에 자동차가 주차할 공간을 마련했는데 이는 초창기의 '드라이브 인 레스토랑'에 가까웠다.

그런데 개업일에 전기회사에서 전기를 예정된 날짜에 공급할 수 없다는 연락을 해왔다. 할 수 없이 두 사람은 이동식 발전기를 빌려 간신히 제때에 문을 열 수 있었다. 손발이 척척 맞았던 그들은 거뜬히 일을 해냈다. 밴 앤델이 주문을 받으러 자동차로 달려가면 디보스는 햄버거를 구웠고, 디보스가 차를 운전하면 밴 앤델이 햄버거를 구웠던 것이다.

2년 후, 두 사람은 상당한 이익을 남기고 그 사업을 팔았다. 이들은 곧바로 다른 일에 뛰어들지 않고 그동안 열심히 일한 대가로 거친 파도 위에서 작은 모험을 즐기기로 결정했다. 그런데 여행이라는 것은 본래 계획대로만 진행되지 않는다는 것을 증명이라도 하듯 그들은 생각보다 훨씬 더 위험하고 큰 모험을 겪게 되었다.

엘리자베스라는 이름의 11미터 남짓한 중고 범선을 구입한 두 사람은 1948년 12월 코네티컷주의 노워크(Norwalk)에서 출발해 1년 예정으로 대서양 항해를 떠났다. 그때 그들은 미 동부 해안을 따라 내려가 카리브해를 지나 남미 해안 아래까지 항해할 예정이었다. 물론 두 사람은 전에 배를 조종해 본 경험이 전혀 없었다. 무모하리만치 모험심 강한 두 젊은이는 항해를 하면서 항해술을 배우겠다는 야무진 꿈을 꾸고 있었던 것이다.

다행히 두 사람은 몇 주일 지나지 않아 배를 상당한 수준으로 조종할 수 있었는데, 운이라는 것이 늘 그렇듯 두 사람이 막 항해술을 제대로 익혔을 무렵 엘리자베스호에 물이 새기 시작했다. 3월의 어느 캄캄한 밤, 아바나(La Habana)에서 아이티(Haiti)를 향해 나아가던 도중에 배는 더 이상 견디지 못하고 쿠바 북쪽 해안에서 16킬로미터 떨어진 수심 450미터 밑으로 가라앉고 말았다. 그래도 운이 좋았던 두 사람은 아다벨 라이더라는 미국 화물 운송업자의 구조로 며칠 후 푸에르토리코의 산후안(San Juan)에 도착했다.

생명의 위협을 받는 위험한 상황을 겪었음에도 두 사람은 도중에 여행을 포기할 마음이 없었다. 그들은 부모님께 자신들이 안전하다는 것을 보여드리고 그 비운의 배에 대한 보험료를 받기 위해 일단 고향으로 돌아왔다가 다시 항해에 도전했다. 결국 그들은 다섯 달 동안 섬과 섬 사이를 누비며 여행을 하고 중남미를 거쳐 그랜드래피즈로 돌아왔다.

고향으로 돌아왔을 때, 그들은 뭔가 새로운 일을 해보고 싶다는 열정으로 가득했다. 그것은 모험이 아니라 실질적이고 영원한 성취와 관련된 것이었다. 두 사람은 다시 사업에 뛰어들었는데, 그것은 평생을 함께할 사업의 시작이었다.

1949년 8월 두 사람이 남미에서 돌아와 일이 하고 싶어 몸이 근질거릴 때, 네일 마스칸트라는 밴 앤델의 친척이 전화를 했다.

"내가 새로운 사업을 시작했는데 그랜드래피즈로 가서 그 사업에 대한 얘기를 해도 좋겠나?"

"그럼요, 좋고말고요."

그가 그랜드래피즈로 찾아온 날, 세 사람은 새벽 2시까지 이야기를 나누었다. 마침내 방문객이 돌아가자 디보스와 밴 앤델은 신청서의 마지막 서명란을 주시하고 있었다. 서로 말은 하지 않았지만 두 사람은 같은 생각을 하고 있었고, 그때가 바로 그들이 「뉴트리라이트프로덕트」라는 건강보조식품 라인의 IBO가 되는 순간이었다.

「뉴트리라이트프로덕트」는 캘리포니아에 본사를 둔 직접판매

회사로, 직접판매란 다른 단계를 거치지 않고 IBO(Independent Business Owner)들이 직접 고객과 상품을 거래하는 것을 의미한다. 물론 직접판매 사업은 그들이 찾고 있던 사업은 아니었지만 뉴트리라이트의 판매 전략에 대한 설명을 듣고 나자 할 수 있을 거라는 자신감이 생겼다. 더욱이 마스칸트가 보여준 그의 배당금 수표는 상당한 액수였다. 그들은 네덜란드 발음이 강하게 남아 있는 중년의 네덜란드 남자가 이 사업에서 큰돈을 벌었다면 자신들도 충분히 해낼 수 있을 거라고 생각했다.

곧바로 그 일에 뛰어든 두 사람은 다음날 첫 고객에게 건강보조식품 한 상자를 팔았다. 한 달치가 19달러 50센트였던 제품을 판매한 디보스는 이렇게 회상했다.

"그는 강 근처에서 식품점을 하는 노인이었는데 우리가 한 상자만 사달라고 부탁하자 제품보다 우리를 좋아한다는 이유로 사주었지요. 처음으로 한 상자를 팔고 나서 2주일간 한 상자도 못 팔았어요."

뉴트리라이트 사업은 무척 단순했다.

일단 IBO가 친구나 이웃에게 건강보조식품의 필요성을 설명하는 〈어떻게 건강해지고 어떻게 건강을 유지할 것인가〉라는 작은 책자를 주거나, 개인적으로 설명할 시간을 약속한다. 이때 만약 상대방에게 건강보조식품의 필요성을 확신시킬 수 있으면 고객을 한 사람 확보한 셈이다. 즉, 알약이 든 상자(뉴트리라이트 제품)를 매달 한 상자씩 팔 수 있는 것이다. 당시 이 시스템에서 신규 IBO는 25명의 고객을 확보해야 다른 IBO의 스폰서가 될 수 있었다.

밴 앤델과 디보스는 열심히 일했고 사업은 급속히 성장했다. 덕분에 두 사람은 몇 달 지나지 않아 뉴트리라이트 사업에서 가장 성공적인 IBO그룹을 구축하게 되었다.

하지만 사업이 항상 순탄했던 것은 아니다. 한번은 두 사람이 그랜드래피즈 공항의 작은 음식점에서 미팅을 열었다. 신문에 광고도 내고 열심히 발품을 팔았기 때문에 적어도 100명은 모일 거라고 생각했지만, 뚜껑을 열어보니 참석한 인원은 고작 8명이었다. 8명 앞에서 밴 앤델이 짧은 인사말을 한 후 제품설명 필름을 보여주었다. 그런 다음 디보스가 마무리 인사를 하며 "관심이 있는 분은 모두 남아서 사업에 대한 대화를 합시다"라고 제안했다. 그런데 8명이 모두 일어서더니 줄지어 걸어 나가는 것이 아닌가. 그들은 사업설명에 대한 얘기는커녕 인사조차 하지 않고 그냥 나가버렸다.

약 5분 후, 두 사람이 침울하게 영사기와 제품들을 싸고 있을 때 그들 중 한 명이 돌아왔다.

"아내가 당신들에게 가서 설명을 해주라고 해서 왔어요. 우리는 이미 그 사업을 하고 있는데 젊은 친구들이 어떻게 하는지 보고 싶어서 왔던 것이거든요."

그 말만 남기고 그 남자는 다시 사라졌다. 이로 인해 두 사람은 더욱 침울해졌다. 그랜드래피즈 지역에서 다른 사람이 이미 뉴트리라이트 제품을 팔고 있다는 사실을 알지 못했던 그들은 그곳에 자신들이 사업을 구축해 나갈 자리가 있는지조차 의심스러웠던 것이다.

물론 그들은 뛰어난 IBO들이 불모지나 다름없는 곳에서 속속 등장해 뛰어난 리더십으로 활동범위를 넓혀나가는 기쁨도 맛보았다. 두 사람은 그랜드래피즈 이스턴 거리에 작은 사무실을 열었는데, 그 사업을 자신의 평생직으로 삼고자 하는 새로운 사람들이 점점 늘어나기 시작했던 것이다. 그들 중 프레드 한센이라는 이발사는 그곳에서 IBO그룹을 크게 키웠다. 그의 아내 버니스는 초창기 시절의 경험을 담담하게 들려주었다.

"우리가 그랜드래피즈에 볼일이 있어 왔을 때, 프레드가 우연히 새로운 사업이 있다는 얘기를 들었어요. 그런데 사업설명을 듣기 위해 미팅에 참석했던 남편이 돌아와 집집마다 돌아다니며 알약을 파는 일이라고 하더군요. 끔찍했죠. 하지만 한 달 후에 남편은 그 사업에 대해 더 많은 것을 배우게 되었고 결국 참여하게 되었어요. 그때 우린 오하이오주의 아크로에 살았는데 리치 디보스가 낡은 자동차를 타고 520킬로미터나 달려와 미팅을 했지요. 그날 우리 집에 다섯 쌍의 부부가 모였고 간단한 다과를 대접하며 미팅을 했답니다. 그들 부부는 모두 사업에 참여하기로 결정했고 리치는 떠나기 전에 손님 접대를 위해 만든 케이크 비용이 모두 세금공제가 된다는 기막힌 정보를 알려줬지요. 그때가 1950년이었어요."

젊고 열정적인 밴 앤델과 디보스는 사업이 궤도에 오르자 더욱 힘차게 밀고 나갔다. 우유를 운반하는 트럭을 몰았던 조 빅터는 빠른 속도로 IBO그룹을 키워낸 사람으로 많은 IBO에게 용기를 주었다. 그런데 초창기에 그의 IBO 중 한 명이 한 달간 판매량이 떨어지자 디보스에게 편지를 보내 그룹 내의 IBO들이 열심히 일하지 않는다고 불평했다. 그러자 간단한 내용의 답장이 왔다.

"당신 스스로 더욱 열심히 하십시오. 그러면 더 나은 본보기가 될 수 있을 겁니다."

두 사람은 다른 사람의 변명을 거의 받아들이지 않았으며 대신 스스로 더 높은 목표를 유지해 모범을 보였다. 디보스의 이야기 한 토막이 그때의 일을 잘 보여준다.

"어느 날 밤 미시건주의 댄싱에서 제이와 나는 큰 미팅을 계획했습니다. 정말 근사할 것으로 믿었지요. 라디오 광고도 하고 신문에도 크게 실었거든요. 사람들에게 며칠간 선전하고 책자도 건네주었기 때문에 정말 기대가 컸습니다. 그날 좌석이 200개나 있는 대강당을 빌렸는데, 몇 명이 참석했는지 아십니까? 단 두 사람이었습니다! 198개의 빈 의자를 앞에 두고 두 명을 상대로 감동에 젖도록 연설을 해본 적이 있습니까? 그 미팅을 끝내고 우리는 숙박비가 없어서 새벽 2시에 집으로 향했습니다. 그런 상황이라면 사람들은 보통 둘 중 하나를 선택하겠지요. 포기하든가 아니면 끝까지 버티든가. 우리는 끝까지 버텼습니다."

그런데 불행하게도 뉴트리라이트사의 전체적인 상황이 악화되기 시작했다. 그 원인은 내분에 있었다. 뉴트리라이트사는 실질적으로 두 회사의 동업으로 이루어져 있었는데, 하나는 제품 생산을 담당한 뉴트리라이트였고 다른 하나는 '미팅걸과 카셀베리'라는 IBO그룹을 관장하는 회사였다. 수년간 잘 협조해 오던 두 회사는 크고 작은 문제가 발생하면서 분쟁이 발생했고 결국 총체적인 내분으로 확대되고 말았다.

디보스와 밴 앤델은 손놓고 앉아 뉴트리라이트의 상황이 호전되길 바라고만 있을 수는 없다고 판단했다. 그들 그룹에는 두 사람을 믿고 따라온 IBO가 꽤 많았고 개중에는 직장을 버린 사람도 있었다. 만약 뉴트리라이트가 그들을 안전하게 보호할 수 없다면 그 일을 정리하고 사람들을 다른 길로 이끄는 것이 디보스와 밴 앤델이 할 일이었다.

1958년 여름, 미시건주 찰레복스라는 곳에서 열린 IBO 미팅에서 두 사람은 자신들이 독자적인 생산라인을 구축하겠다는 뜻을 발표했다. 이는 뉴트리라이트 상품을 계속 판매하긴 하지만 시장성 있는 상품 공급을 그 회사에만 의지하지 않고 독자적인 길을 걷겠다는 의미였다. 설명을 마친 그들은 IBO들에게 자신들의 뜻에 동참하든 아니면 계속 뉴트리라이트에 남아 있든 선택할 기회를 주었다. 웅성거리던 사람들은 서서히 두 파트너와 함께 새로운 영역을 개척하는 일에 동참하기 시작했다.

그 미팅으로 뉴트리라이트에 매달려 있던 작은 그룹의 탯줄이 끊어진 셈이었다. 그로부터 몇 달이 지난 1959년 초, 두 사람은 미시건주 에이다에 있는 밴 앤델의 집 지하실에서 공식적으로 암웨이사를 발족시켰다. 대담하면서도 희망에 가득 찬 그 시작은 독자적인 힘으로 큰 규모의 영구성을 지닌 조직을 이뤄내고자 했던 하나의 도박이었다.

출발 시점에서 가장 큰 문제는 탄탄한 생산라인을 갖추는 것이었다. 두 사람은 그동안의 경험을 통해 직접판매 구조에 가장 적합한 상품은 비누나 세제, 혹은 개인적인 일상생활용품이라고 믿고 있었다. 처음 몇 년간은 가끔 거창한 제품(심지어 방사능 낙진 대피소까지!)을 생산라인에 추가시켜 시험적으로 판매하기도 했지만, 얼마 지나지 않아 본래의 판단대로 암웨이사에 가장 적합한 것은 생필품이라는 것이 밝혀졌다.

예를 들어 치약은 팔기 쉬운 제품이다. 모든 사람이 사용하고 있는 데다 쓰고 나면 다시 사야 하므로 판매 기회가 계속해서 생기기 때문이다. 무엇보다 중요한 점은 판매를 위해 특수교육을 받을 필요가 없다는 것이다. 고객에게 비누 사용법을 설명하는 데 기술적인 전문성이 필요한가? 언젠가 디보스가 연설을 하던 중에 한 청중이 물었다.

"왜 비누를 팝니까?"

"왜냐하면 사람들이 비누를 사기 때문입니다."

밴 앤델은 그 이유에 대해 부연설명을 해주었다.

"우리는 열심히 뛰는 사람들이 실질적으로 이익을 얻는 기회를 제공하고 싶었습니다. 생필품의 경우 신규 IBO가 수요를 만들어낼 필요도 없고 고객에게 제품의 필요성을 확신시킬 필요도 없지요. 수요는 이미 사방에 존재하고 IBO는 단지 '이 제품을 이미 슈퍼에서 사다 쓰고 있잖아요. 저는 더 나은 제품을 더 싼값에 드리겠어요. 또한 집으로 배달해 드리고 개인적인 서비스도 제공하며 만약 만족하지 않으신다면 환불해 드리지요'라고 말하면 됩니다. 정말 해볼 만하지 않아요? 아마 누구라도 할 수 있을 겁니다. 생필품 판매는 전문적인 제품을 파는 천재적인 세일즈맨을 위한 사업이 아니라 우리가 주장하는 '모든 사람'을 위한 사업입니다."

새로 시작한 암웨이사에서 가장 많이 팔린 첫 제품은 '프리스크'라는 다목적 액체세제였다. 그것은 독특한 효과를 내는 세제로 암웨이의 품목 중 첫 제품이었으며 그 후속 제품으로 나온 것이 LOC(액체 유기 농축액이라는 뜻)이다. 이후 얼마 지나지 않아 SA8이라는 분말 세제를 내놓았고 그 제품 역시 오늘날 암웨이 생산품 중 판매량 1위에 육박하고 있다.

암웨이의 생산라인이 확장되자 디보스와 밴 앤델은 원활한 제품 공급을 위해 그랜드래피즈에 생산 공장을 마련했다. 뉴트리라이트의 경험을 통해 제품의 질을 관리하는 것이 결정적으로 중요하다는 것을 알고 있었기 때문에 가능한 한 빨리 제품을 자체 생산하기로 결정했던 것이다.

그러는 동안에도 IBO들의 네트워크는 계속해서 뻗어나갔다. 디보스와 밴 앤델은 에이다 지역의 포트내프강(Portneuf River)이 내려다보이는 언덕 위에 땅을 사서 서로 가까운 곳에 집을 지었다. 처음에는 두 사람과 아내들로만 팀을 이뤘으나 회사가 발전하면서 사무실 규모도 점점 커졌다.

암웨이사의 성장 과정을 보면 이미 초기부터 폭발적인 성장을 이뤘음을 알 수 있다. 디보스와 밴 앤델은 마치 인생 전부를 그 일에 건 사람들처럼 밤낮없이 일에 몰입했다. 초기에 주로 신규 IBO를 후원하는 일을 담당했던 밴 앤델은 IBO들을 훈련시키고 격려했으며 변함없이 원칙을 지켜나갔다. 또한 두 사람은 에이다에서 몇 백 킬로미터 이내의 거리는 어디든 직접 찾아가 신문광고를 내고 IBO 후보자들의 집을 방문했다. 그뿐 아니라 작은 공간이나 강당 등에서 미팅을 열어 신규 IBO들을 후원했다.

1960년, 버트릭이라는 열일곱 살짜리 소년이 에이다에서 잔디를 깎는 아르바이트를 하며 돈을 벌고 있었다. 그는 집집마다 돌아다니며 일거리를 구하고 있었는데 하루는 바람 부는 언덕 위의 집을 찾아갔다가 밴 앤델을 만나게 되었다. 밴 앤델은 시간당 1달러의 조건으로 소년에게 잔디 깎는 일을 맡겼다. 이후 소년은 그 집의 지하 사무실 안에서 활발히 돌아가는 일이 무엇인지 궁금해서 묻게 되었고 밴 앤델은 소년에게 봉투에 인쇄된 주소를 붙이는 일을 시켰다. 그리고 좀더 시간이 흐른 후 소년은 지하실 탁구대 위에서 18쪽으로 된 사업 안내서를 순서대로 정리하는 일을 도왔다.

버트릭은 당시의 경험에 대해 들려주었다.

"제이는 정말 놀라웠어요. 직접 타자를 쳐서 안내서를 작성하고 그 다음에는 인쇄기로 달려가 순서대로 찍어 묶었지요. 모든 것이 수작업으로 이뤄졌습니다."

밴 앤델이 그런 일을 하는 동안 디보스는 판매를 담당했다. 만약 누군가가 주문 상품을 가지러 오면 디보스는 지하 사무실로 가서 주문을 체크하고 가까운 곳에 전세로 얻은 창고로 자동차를 몰고 가 상품들을 챙긴 다음 그 IBO의 자동차에 실어주었다. 새로 시작한 암웨이 사업에는 두 사람의 아내인 베티 밴 앤델과 헬렌 디보스의 도움이 필수적이었다. 그들은 남편들이 분주하게 판매사업을 해나가는 동안 가정살림과 양육을 도맡았다.

그들의 주요 역할은 오늘날까지도 암웨이 사업에서 남편과 아내가 하나의 팀으로 함께 일해 나가는 형태로 계속 이어지고 있다.

1년 후 그들은 에이다에 있는 가로 12미터, 세로 18미터 크기의 낡은 주유소를 구입해 처음으로 제대로 된 사무실과 인쇄실을 차렸다. 그곳은 앞으로 이뤄질 암웨이사의 건축물 확장 사업의 토대였다. 주유소로 이사한 지 두 달 후에는 약 500평방미터 크기의 공장 시설이 추가되었으며 다음 해에 여섯 개의 새로운 건물이 들어섰다. 이어 기름을 저장하는 시설과 창고, 버스들을 위한 시설이 속속 들어섰으며 사무실과 공장이 세 배로 확장되었다.

1964년에는 창고가 세 개 더 들어섰고 지하 저장실과 1,800평방미터 크기의 관리 빌딩, 그리고 다섯 개의 건물이 더 들어섰다. 특히 매년 폭발적인 성장을 거듭하면서 이러한 발전도 계속되었다.

오늘날 암웨이 시설은 300에이커나 되는 면적을 차지하고 있으며 30만 평방미터가 넘는 건물과 전국적으로 일곱 개 지역에 분포된 총 15만 평방미터 크기의 건물 등이 엄청난 위용을 자랑한다. 이 모든 것은 사실 1960년에 구입한 가로 12미터, 세로 18

미터짜리 작은 건물에서부터 시작된 것이다!

그러한 건물들은 단순한 과시용이 아니라 빠른 속도로 성장하는 IBO들 덕분에 치솟는 판매량을 충당하기 위한 것이었다. 에이다의 한 주민은 그들이 얼마나 일에 매달렸는지 생생하게 들려주었다.

"그 사람들 정말 무섭게 일했어요. 매일 새벽 2, 3시까지 불이 환하게 켜져 있는 것을 볼 수 있었지요."

당시 버트릭은 잡무를 처리하는 역할에서 벗어나 디보스의 지방순회를 돕고 있었다.

"사업이 확장되면서 자동차로 이동하기가 벅찰 정도가 되었지요. 할 수 없이 처음에는 엔진 하나짜리 중고 비행기를 전세로 썼습니다. 그 후 엔진 두 개짜리 파이퍼를, 그 다음에는 좀더 큰 비치 크래프트를 샀습니다. 우리는 그 비행기를 타고 전국을 누볐습니다. 일이 많아 힘들기도 했지만 사업이 엄청난 속도로 커지는 것을 보면서 우리는 무척 신이 났죠."

눈 깜짝할 사이에 현재의 규모로 발전한 암웨이는 오늘날의 법인조직 역사상 가장 괄목할 만한 성장을 기록한 기업이다. 이러한 암웨이의 성장에 박차를 가한 요인은 매우 많지만, 가장 기초가 된 것은 판매 전략이나 경제 기류가 아닌 정신 자세이다.

1960년 초의 어느 늦은 밤, 한 친구가 암웨이 공장을 지나다가 디보스와 밴 앤델이 공장 앞 잔디밭에 세울 간판을 옆에 두고 땅을 파고 있는 것을 보았다.

"아니, 이 시간에 대체 뭘 하고 있는 건가?"

그 친구가 의아해하며 묻자 두 사람은 땅 파던 손을 잠시 멈추고 친구를 올려다보고는 씩 웃으며 말했다.

"우리 힘으로 할 수 있는 일을 남에게 돈을 주고 시킬 이유가 없지 않은가?"

두 사람에게는 꿈이 있었고 그들은 그 꿈을 이루기 위해 몸을 아끼지 않고 열심히 일했다.

THE DREAM
THAT WILL NOT DIE

2장

오늘날의 암웨이

오늘날의 암웨이는 어떨까? 1959년 지하실에서 시작한 암웨이는 오늘날 전 세계에서 가장 규모가 큰 직접판매 회사로 자리 잡았고 매년 60억 달러가 넘는 매출액을 자랑하고 있다. 50년 만에 미시건주의 작은 비누회사가 세계적인 거대기업으로 탈바꿈한 것이다. 그 방대한 규모는 실로 놀라울 정도이다.

현재 360만 명 이상의 암웨이와 퀵스타의 IBO들이 전 세계 80여개 나라와 지역에서 활동하고 있다. 이들의 수요에 맞춰 1만여 명의 직원들이 공장이나 본사, 그리고 전 세계 사무실에서 일하고 있다. 또한 수많은 트랙터와 트레일러가 미시건주에 있는 공장으로부터 미국 전역과 수십 개 나라에 퍼져 있는 픽업센터로 상품을 실어 나르기 위해 쉴 새 없이 달리고 있다.

생산 품목의 종류도 디보스와 밴 앤델이 처음 농축세제로 시작할 때 꿈꾸었던 것보다 훨씬 다양해졌다. 450여 가지 제품이 암웨이의 이름으로 생산되고 있으며 300여 쪽에 달하는 개인고객용 카탈로그에는 6,500개 이상의 또 다른 브랜드 제품이 소개되고 있다. 그밖에 항공, 여행, 전화서비스 등 다양한 서비스 제품도 제공된다.

암웨이의 성장 속도는 1990년대 중반 들어 역사상 그 어느 때보다 두드러졌다. 1993년에는 판매량이 20퍼센트나 증가했고 1994년에는 18퍼센트, 그리고 1995년에는 19퍼센트 증가했다. 중요한 것은 이 모든 성장이 한 푼의 부채 없이 이루어졌다는 사실이다.

네덜란드 조상으로부터 물려받은 암웨이 설립자의 보수적인 소비 성향은 암웨이 대차대조표에 그대로 반영되었으며, 30만 평방미터가 넘는 공장과 사무실을 세우면서도 거의 빚을 지지 않았다. 해외지부의 재무 상태도 매우 탄탄하다. 예를 들어 일본의 경우, 최근 정부의 공식자료를 통해 암웨이사가 부채 없이 소유한 현금 자산이 7억 5,000만 달러라는 것이 밝혀졌다.

그 대단한 성공은 암웨이사가 소유하고 있는 자산을 통해서도 알 수 있다. 암웨이는 영국령 버진 아일랜드에 사설 휴양지인 피터아일랜드를 소유하고 있으며, 여기에 요트클럽과 일류 호텔을 갖추고 있다. 또한 경비행기에서부터 주문 제작된 여객기까지 10대의 비행기를 보유하고 있고 '엔터프라이즈'라는 항해용 요트들은 성공적인 IBO들을 태우고 지중해와 카리브해를 누빈다. 그뿐 아니라 그랜드래피즈에는 미시건 서부지역에서 가장 큰 호텔인 암웨이 그랜드플라자호텔이 있다. 이러한 시설은 대부분 IBO들을 교육시키거나 포상하는 데 쓰이고 있다.

암웨이사는 강력한 IBO 중심의 전략을 유지하고 있으며, 회사 경영 전략 전체가 성공적인 IBO들이 탁월한 경력을 쌓아갈 수 있도록 계획되어 있다. 예를 들면 섬, 요트, 비행기, 그리고 기타 회사 보유 자산들은 IBO들의 활동 능력을 증진시키는 데 활용된다.

한때 그들 역시 IBO였던 두 설립자는 암웨이사가 지속적으로 성장하는 원동력은 회사가 모든 자원을 동원해 IBO들의 사업을 적극 지원한다는 사실을 IBO들이 확신하는 데 있다고 생각했다.

오늘날 거대기업으로 성장한 암웨이사가 여전히 가족 중심으로 회사를 유지하고 있는 것은 거의 기적에 가까운 일이다. 디보스는 1993년 초 두 번째 심장수술을 받고 예순일곱 살의 나이로 최고경영자의 자리에서 물러났다. 그의 후임으로 서른아홉 살의 장남 딕 디보스가 사장이 되었고, 그로부터 2년 뒤 밴 앤델이 은퇴한 후에는 그의 장남 스티브 밴 앤델이 회장 자리를 이어받았다.

1996년부터 밴 앤델과 디보스의 2세들은 그들의 부친과 마찬가지로 동업자이자 최고경영자로 회사를 운영해 가고 있으며 각 집안에서 3명씩 회사 경영에 직접 참여하고 있다. 이처럼 두 집안이 회사를 함께 운영하는 것은 물론 60억 달러 규모의 회사를 실질적으로 소유하고 있는 사례는 거의 찾아볼 수 없다.

특히 두 집안은 회사의 천문학적인 성장을 유지하기 위해 회사를 분배하지 않고 자금조달을 해오고 있다. 단지 아시아의 계열회사 지분 일부를 매각했을 뿐이다. 일본 암웨이사 주식의 극히 일부분이 뉴욕증권거래소에 상장되어 있고, 이와 함께 상장된 아시아태평양 암웨이사의 경우도 일부 주식에 불과하다. 그 밖에 모든 자산은 오래 전 포드자동차를 함께 탔던 두 명의 파트너 가족의 몫인 것이다.

이러한 사실로 미뤄볼 때 그들이 얼마나 엄청난 부자일지 짐작이 간다. 하지만 누구도 그 정확한 액수를 알지 못한다. 가장 믿을 만한 추정은 이러한 사실에 관심이 깊은 〈포브스Forbes〉의 통계치를 살펴보는 수밖에 없다. 〈포브스〉는 두 집안의 재산을 각각 40억 달러로 추정했는데, 추정 오차는 200~300만 달러에 불과하다. 〈포춘Fortune〉 역시 이들의 재산을 비슷한 규모로 추정하고 이들을 미국 내 10대 부자 명단에 올려놓았다.

이들은 암웨이사를 소유하고 있을 뿐 아니라 다양한 방법으로 재산을 관리 및 투자하고 있다. 가장 잘 알려진 것은 디보스 집안이 소유한 프로농구팀 올랜도 매직(Orland Magic)으로 이들은 1995년 NBA 챔피언 결승전에서 승리를 거머쥐었다. 매직팀의 선수 중에는 슈퍼스타 섀킬 오닐(Shaquille O'Neal)과 앤퍼니 하더웨이(Anfernee Hardaway)가 있다. 언젠가 디보스는 이렇게 말한 적이 있다.

"흥미롭게도 내가 30년 이상 세계적인 기업의 사장으로 있을 때는 아무도 주시한 적이 없었는데, 이 작은 규모의 농구팀을 매입한 후에는 내가 섀킬 오닐 소속팀의 구단주라는 사실에 공항마다 모든 사람이 나를 알아보기 시작했다."

좋든 나쁘든 이들의 엄청난 재산은 커다란 영향력을 발휘하고 있으며 특히 공화당의 정책에 미치는 두 집안의 영향력은 막강하다. 원래 그랜드래피즈 지구 출신 정치인이던 제럴드 포드(Gerald Ford) 대통령 재임 시 그들은 백악관과 친밀한 관계를 유지했고, 이는 로널드 레이건(Ronald Reagan) 및 조지 부시(George H.W. Bush) 대통령 재임 시에도 그대로 유지되었다. 또한 밥 돌(Bob Dole) 상원의원 및 뉴트 깅그리치(Newt Gingrich) 하원의장과도 절친했다.

그러나 디보스와 밴 앤델은 물론 그들의 2세들이 무엇보다 중요시한 것은 바로 암웨이사였다. 그들은 일반 기업가들이 하듯 기업을 키운 다음 매각해 더 큰 기업을 운영하길 거부하며, 오로지 암웨이사만 최종 목표로 삼아 모든 에너지와 관심을 투자하고 있다.

이들의 경영목표는 분명하다.

이제 위태롭고 힘들던 초창기 시절은 과거가 되었고 어려운 문제는 대부분 해결되었으며 2세대 경영도 확고히 자리를 잡았다. 이제 남은 목표는 21세기에도 엄청난 성장 속도를 지속해 암웨이사를 세계에서 가장 큰 규모로 만드는 것이다. 이러한 목표는 IBO 수준의 인재를 키워 수천 개의 사업을 새롭게 개척함으로써 가능하다고 보고 있다.

최근 창업 가족 중 한 명은 이렇게 말했다.

"이제 모든 것이 제대로 돌아가고 있다. 향후 10년 안에 폭발적인 성장이 있을 것으로 기대되며 이를 가능하게 할 좋은 인재들을 찾고 있는 중이다."

암웨이사는 분명 그러한 인재들을 찾게 될 것이다.

THE DREAM
THAT WILL NOT DIE

3장

신화와 오해

    미국에서 암웨이사처럼 많은 오해를 받고 있는 회사도 드물 것이다. 그 이유 중 첫번째는 거의 모든 미국인이 암웨이사에 대한 이야기를 약간씩 들어본 적이 있을 만큼 유명하기 때문이다. 미국 NBC방송의 투나잇쇼 진행자인 제이 레노(Jay Leno)가 마치 심야 라디오 토크쇼에 늘 등장하는 화젯거리처럼 별다른 친분관계가 없는 처남 매부 간에도 암웨이에 관해서는 이야깃거리가 있다고 농담을 했을 정도이다. 사람들에게 암웨이에 대해 말할 기회를 주면 누구나 관심을 갖고 한마디씩 하지만,

사실 암웨이의 진짜 모습을 잘 알고 있는 사람은 많지 않다.

이러한 문제에 대한 책임은 암웨이에도 어느 정도 있다. 몇 년간 많은 IBO가 자신의 사업을 공개하길 꺼려 뭔가 감추고 있다는 인상을 주었기 때문이다. 하지만 회사가 탄탄한 성장을 거듭하면서 널리 이름이 알려지자 숨기려는 태도는 사라지게 되었다.

암웨이에 대한 일반인의 이해가 부족한 두번째 이유는 회사 방침상 상품광고를 전혀 하지 않기 때문이다. 이것은 생필품 산업에서 광고가 판을 치고 있는 현실에 비춰볼 때 무모하기까지 한 방침일 수도 있다. 예를 들어 비슷한 상품을 취급하는 프록터&갬블(P&G)은 1995년 총수입의 4분의 1인 83억 달러 이상을 판로 개척과 텔레비전 광고에 지출했다. 암웨이 역시 총수입에서 비슷한 비율로 판로 개척에 투자한다는 방침을 세웠지만, 그것은 광고가 아니라 IBO에 대한 투자로 나타났다.

사실 성공적인 IBO들의 호주머니를 채워주는 수백만 달러의 수입은 텔레비전 광고비를 대신한 것이다. 하지만 1990년대의 소비자들은 텔레비전 광고에 나온 것이 아니면 인정하지도, 중요하게 여기지도 않았다. 결국 암웨이는 100만 달러를 투자해 가며 매스컴에 등장해 외쳐대지 않은 탓에 일반인들이 그리 중요하지 않은 회사로 인식하고 만 것이다.

일반인들이 암웨이를 이해하지 못하는 세 번째 이유는 회사가 매우 빠른 속도로 변하기 때문이다. 실제로 10년 전에 사실이었던 것이 지금은 사실이 아닐 수도 있다. 암웨이는 매일 전형적인 보통사람들과 접촉하는 네트워크의 특성으로 인해 일반 회사보다 훨씬 빠른 속도로 변화 발전하고 있다. 이것은 제너럴모터스나 IBM, 소니 같은 거대기업보다 빨리 대중의 경향과 소비자 성향의 변화에 맞춰 반응한 결과이다.

따라서 많은 사람이 암웨이에 관해 자주 듣고 말하지만 많이 알지도 못할 뿐더러 잘못 알고 있는 경우가 많다. 이것은 암웨이에 관한 신화도 마찬가지이다. 30년 전 암웨이에 대해 이야기를 들은 수백만 명은 당시 유행하던 훌라후프처럼 암웨이 열풍도 곧 사라질 것이라고 생각했다. 그러나 이제 사람들은 암웨이사가 아직도 건재할 뿐 아니라 1980년대에 뉴스나 파티석상에서 처음으로 농담거리가 되던 그때보다 다섯 배가 넘는 속도로 빠르게 성장하고 있다는 것을 인정하기 시작했다.

누가 뭐라고 해도 한 가지 사실만은 분명하다. 그것은 암웨이는 결코 죽지 않는다는 것이다. 그 이유는 구조적 결함을 고쳐나가던 초창기부터 굳건히 살아남아 고도로 발전한 판매 시장에 뛰어들기 위한 에너지와 방향을 제대로 잡았기 때문이다. 한때 무시 받고 비웃음 당했던 암웨이는 조용히 자기 힘을 키워온 것이다. 20년 전 암웨이를 무시했던 사람들도 이제는 무엇이 암웨이를 움직이며 어떤 식으로 움직이는지 관심을 갖기 시작했다.

암웨이를 이해하려면 무엇보다 잘못 알고 있는 것부터 바로 잡아야 한다.

1. 암웨이는 비누회사가 아니다

아직도 암웨이를 비누회사 정도로 알고 있는가? 물론 여전히 비누도 판매하지만 그 외에도 450여가지 제품을 더 취급할 뿐 아니라 뉴욕 맨해튼의 전화번호부만큼이나 두꺼운 고객용 카탈로그를 통해 수천 가지의 브랜드 상품을 취급하고 있다. 암웨이는 더 이상 비누만 파는 회사가 아니다. 암웨이를 단순히 비누회사로 생각하는 것은 로스 페로(Ross Perot, EDS 설립자로 아버지 부시와 경쟁한 재벌출신 대통령 후보이다)를 컴퓨터 판매원으로만 알고 있는 것이나 마찬가지다.

2. 암웨이는 미국의 이익만 고집하는 회사가 아니다

실제로 암웨이 사업이 미국 내에서보다 해외에서 훨씬 더 번창하고 있다면 믿겠는가? 일본 암웨이사만 해도 현재 미국에

본부를 둔 회사들 중 5위 안에 든다. 일본에 대한 정책을 조정하기 위해 뉴욕증권거래소를 휘저어 놓을 만큼 큰 규모인 것이다.

1970년대만 해도 〈포브스〉가 암웨이를 "성조기에 싸여 국내에서만 성공한 기업"이라고 비꼬았지만 이제 그 말은 더 이상 의미가 없다.

3. 암웨이는 방문판매사업이 아니다

방문판매를 하면서 판매원을 모집해 인원을 보충하던 시대는 이미 1960년대에 끝났다. 집집마다 문을 두드리고 다니며 마치 걸스카우트가 과자를 팔 듯 암웨이 제품을 판다는 생각은 암웨이 사람들조차 비웃고 있다. 낯선 사람이 초인종을 누르고 암웨이 비누를 사라고 한 적이 있는가? 아마 없을 것이다. 방문판매 형식은 이미 오래 전에 사라졌다.

이러한 인식이 낡은 오해나 고정관념이라면 대체 암웨이는 무엇이며 어떤 방식으로 운영되는 걸까? 한마디로 암웨이를 움직이는 것은 플랜(Plan)이다. 사업의 세부적인 내용을 설명하는 것은 쇼더플랜(Showing the Plan)이라고 하며 이러한 세부사항을 이행해 나가는 것이 다른 사람들을 자신의 그룹으로 만드는

IBO의 전형적인 행동이다. 때로 IBO들은 동그라미를 그려가며 플랜을 설명하기도 하는데, 이는 사람 대신 동그라미를 이용한 도표로 수입 구조를 설명하기 때문이다.

경험이 많은 암웨이 IBO가 사업설명을 한다는 것은 퇴근 후 저녁시간을 투자해 자신의 삶을 보다 좋은 방향으로 이끌어간다는 것을 의미하며, 또한 그것은 자신의 사업설명을 더욱 세련되게 만들어가는 과정이라고 할 수 있다. 순수학문을 연구하는 입장에서 봐도 마케팅 개념의 암웨이 플랜은 복잡하면서도 흥미 있는 내용으로 가득하며 결코 종이 몇 장으로 설명되지 않는다. 하지만 암웨이 IBO가 아닌 일반인도 배울 수 있는 암웨이 용어 몇 가지만 알고 나면 적어도 IBO가 말하는 개인적인 이야기 정도는 이해할 수 있다.

이제부터 이 책에 소개된 이야기를 이해하는 데 도움이 될 만한 암웨이 용어 몇 가지를 소개하겠다.

◆ SP(Silver Producer)

IBO가 취득할 수 있는 최초의 핀 레벨. 1개월 기준으로 ① 개인 그룹실적이 1,000만 PV 이상인 경우, ② 21% 보너스 수준 레그를 직접 또는 대리 후원하고 개인 그룹의 실적이 400만PV

이상인 경우, 또는 ③ 21% 보너스 수준 레그 2개 이상을 직접 또는 대리 후원한 경우 중 1개 이상 충족하면 실버 프로듀서로 인정된다.

◆ 플래티늄(Platinum)

유자격 SP 자격을 달성한 달로부터 1년 이내에 6개월 이상 달성하고 그 가운데 최소 3개월은 연속적으로 달성한 IBO를 의미하며 추가수입과 특별수당을 받게 된다. 이 레벨에 도달하는 것이 신규 IBO들의 첫 목표이고 이를 '플래티늄으로 간다'라고 표현한다. 스폰서가 자신의 다운라인 레그를 이 레벨에 이르도록 돕는 것을 '독립시킨다(Breaking a direct)'라고 한다.

◆ 고 게더(Go-Getter)

고 게더란 매달 최소 15회 이상 사업설명을 하고 240만 PV(12%) 이상을 올리는 사람이다. 연속으로 최소 3달 동안 이 패턴을 이루었을 때 대부분이 세미나와 랠리에서 인정을 받게 된다.

◆ 스폰서

이 사업에 참여하고 있는 모든 사람들은 또 다른 암웨이 IBO로부터 후원을 받는다. 후원자(스폰서)는 IBO들을 훈련시키고 동기부여하며 각종 자료를 제공할 책임이 있다.

◆ 뎁스(Depth)

당신의 그룹에 있는 누구든 다운라인 혹은 뎁스 내에 있다고 할 수 있다. 당신이 후원한 사람들이 다른 누군가를 후원하도록 돕는 것을 뎁스를 한다고 한다. 뎁스를 하는 것은 이 사업을 지속하기 위한 열쇠이다.

◆ 위스(Width)

당신이 직접 후원한 IBO들로서, 동그라미가 당신과 직접 연결되어 있는 IBO를 위스라고 부른다. 예를 들어 당신이 직접 세 명을 후원했다면 위스에서 세 그룹이 있다고 말한다.

◆ 프로스펙트(Prospect)

명사로 쓰일 때 프로스펙트는 잠재적으로 IBO가 될 수 있으리라 예상되는 사람을 뜻한다. 동사로 쓰일 때는 그 사람을 직,

간접으로 만나서 IBO가 되도록 하는 적극적인 과정을 의미한다.

◆ 인터액티브 디스트리뷰션(Interactive Distribution)

이것은 암웨이사가 IBO와 그의 고객을 직접 연결해 주는 방법으로 제품을 공장으로부터 소비자에게 직접 전해준다는 뜻이다. 전통적인 회사들은 제품을 소매점에 판매한 후, 소비자들이 그 소매점으로 가서 상품을 사도록 유혹하는 광고에 큰돈을 쏟아 붓는다. 생산자가 소매점 및 광고주 두 곳과 이익금을 나눠가져야 하는 것이다. 반면 암웨이는 소비자들에게 이렇게 말한다.

"당신은 직접 물건을 움직이고 네트워크를 구축함으로써 소매점 주인과 동시에 광고주가 될 수 있으며 우리는 두 몫의 이익을 챙겨줄 것입니다."

이것이 바로 암웨이 IBO에게 많은 수입이 생기는 이유이다.

◆ IBO(Independent Business Owner)

암웨이 제품을 판매하고 다른 사람에게 암웨이 IBO 가입을 권유하는 암웨이 독립자명 사업가를 의미한다.

◆ 후원(Sponsoring)

암웨이 IBO는 개인적으로 제품을 움직여 돈을 버는 것 외에도 다른 방법으로 훨씬 많은 돈을 벌고 있다. 그것을 후원이라고 하는데, 이는 다른 사람이 신규 IBO가 되도록 도와주는 것을 말한다. 만약 잭이 조를 IBO로 등록시켰고 조가 빌을 후원했다면, 잭은 조와 빌이 움직인 제품과 서비스에 대한 보너스를 받게 되고, 또한 빌이 등록시킨 모든 사람까지 포함하는 식으로 끝없이 네트워크가 뻗어가게 된다.

그렇다고 조와 빌의 수입에서 일정 액수를 떼어내 잭에게 보너스를 지불하는 것은 아니다. 만약 시스템이 그렇다면 갈수록 수입이 잘게 나누어져 결국 전체 시스템이 무너지고 말 것이다. 잭이 조를 후원한 대가로 받는 보너스는 암웨이 본사의 이익금에서 지급된다. 이러한 시스템에서 IBO가 수천 명으로 늘어나 거대한 IBO그룹을 구축한 사람은 엄청난 수입을 기대할 수 있다.

◆ 다운라인 레그(Downline Leg)

잭이 후원하는 IBO들을 잭의 다운라인 이라고 부르며 그들의 각 라인을 '레그'라고 한다.

◆ **PV(판매점수치, Point Value)**

실제 판매량을 표시할 때는 매상을 점수로 바꾸는 공식을 쓴다. 이때 표시하는 점수치를 PV라고 하는데, 각 제품에 부여된 고유 점수치로, IBO의 자격 및 후원수당의 비율을 신청하는 기준이 된다.

◆ **PV 다음에 BV(판매가격치, Business Volume)**

각 제품에 부여된 가격지수(가격의 등락에 따라 조정)도, 후원수당의 금액을 산정하는 기준 점수이다.

◆ **플래티늄(Platinum)**

한 명의 IBO가 어떤 정해진 수준의 PV를 얻으면 플래티늄(21퍼센트를 처음 달성한 달로부터 1년 이내에 21퍼센트 수준을 6개월이상 유지하되 그 중 최소 3개월은 연속적으로 유지할 때)에 이르게 되어 추가수입과 특별수당을 받게 된다. 이 레벨에 도달하는 것이 신규 IBO들의 첫 목표이고 이를 '플래티늄으로 간다'라고 표현한다. 스폰서가 자신의 다운라인 레그를 이 레벨에 이르도록 돕는 것을 '독립시킨다(breaking a direct)'라고 한다.

◆ 핀 보상(Pin Awards)

암웨이는 각 IBO의 레그들이 얼마나 많이 플래티늄으로 갔는가를 기준으로 인정과 보상을 한다. 이에 따라 적극적으로 활동하는 IBO들은 군대에서 장교의 계급표시 같은 여러 수준의 핀을 얻기 위해 많은 노력을 기울인다. 예를 들어 플래티늄 레그를 세 개 만들면 에메랄드핀, 여섯 개를 만들면 다이아몬드핀, 열두 개는 더블다이아몬드핀이다. 가장 높은 핀 보상은 크라운앰배서더라고 부른다.

지금까지의 용어 설명이 간략하고 부족한 면이 많다는 것을 알지만, 그래도 암웨이에 좀더 가까워질 수 있도록 해줄 것이다. 여행자가 해외여행을 할 때 간단한 어휘사전을 활용하듯 이 책에서 말하는 내용이 무엇인지 이해하는 데 도움이 되리라 믿는다.

THE DREAM
THAT WILL NOT DIE

4장

운영방식에 따라
달라지는 사업

      암웨이사의 운영방식에서 무엇보다 탁월한 점은 각 IBO의 개인적인 스타일과 능력을 사업에 반영하고 존중한다는 것이다. 암웨이는 위로부터의 지나친 간섭을 배제한다. 오히려 현장에서 뛰는 리더가 창조적인 방법을 개발하도록 허용하며, 자신의 취향에 적합한 리더십을 만들어갈 수 있도록 해준다.

      이러한 암웨이의 기본 철학은 자기사업을 소유한 모든 IBO의 정신에 자연스럽게 흐르고 있다. 그들은 결코 암웨이의 고용인이 아니며 판매원으로 채용된 것은 더더욱 아니다. 단지 각

IBO마다 개인적으로 사업을 소유하고 암웨이사의 몇 가지 기본 방침을 지켜나가면서 때와 장소에 따라 적절한 방법으로 각자의 사업을 자유롭게 키워나갈 뿐이다.

암웨이사는 이 기본 방침을 매우 중요시하는 것은 물론 그것을 적극적으로 강조하고 있다. 그러한 방침에 속하는 것을 예로 들면 상품 자체의 뛰어난 질과 적절한 가격, 다양한 수준의 장려금과 수당이 포함된 마케팅플랜, 다른 IBO그룹에 대한 모함이나 간섭 등에 관한 제재를 담은 윤리강령 등이 있다. 이러한 기본 방침 아래 암웨이는 어디에 있든 암웨이이며 이것은 전 세계에서 똑같이 지켜지고 있다. 하지만 그 방침이 허락하는 범위 안에서 모든 IBO는 어떤 식으로든 자신이 선택한 시스템을 개발해 나갈 수 있다.

사실 암웨이 사업은 50년의 역사를 통해 다양한 형태로 운영되어 왔다. 따라서 기본 방침은 항상 같지만 현장에서 보고 느끼는 방식은 IBO마다 다를 수 있다. 예를 들면 자동전화 시스템이나 지역신문의 모집 광고란을 이용해 무작위로 프로스펙트(prospect)들을 모으는 IBO도 있을 것이고, 같은 지역이라도 친구나 친척 혹은 이웃 등 개인적인 친분관계를 통해 활동하는 것이 더 낫다고 생각하는 IBO도 있을 것이다.

어떤 방식이 더 좋을까? 확실한 답은 없다. 어느 쪽이든 마찬가지라고 할 수도 있다. 중요한 것은 개인 IBO들이 자기 후원자 그룹의 시스템에 따라 특정한 때와 장소에 가장 자연스럽고 적합한 방식으로 활동할 것을 암웨이사가 권장하고 있다는 것이다. 한 세대 이상을 지나는 동안에도 암웨이의 전반적인 운영 철학은 확고하게 지켜지고 있지만, 나날이 변화하는 사업 전략은 일선 IBO그룹에 일임하고 있다는 얘기다.

이러한 암웨이의 운영방식은 다른 사업체에서 보기 힘든 독특한 시스템이다. 암웨이가 세계적인 기업으로 발전할 수 있었던 이유는 대부분의 판매회사가 본사의 꼼꼼한 모델을 엄격하게 지키도록 요구하는 것과 달리, 그처럼 융통성을 발휘한 덕분에 탄력성과 적응력을 갖게 되었기 때문이다.

네트워크마케팅 회사의 역사에서 일약 스타로 떠올라 몇 년간 반짝하다가 사라져버린 사례는 무수히 많다. 그들은 자사를 암웨이와 비교하며 초기의 가파른 성장률을 내세워 신규 IBO를 모집하곤 한다. 그러나 그들 중 살아남는 경우는 극히 일부에 지나지 않는다.

반면 암웨이는 예외적으로 탄력을 유지하고 있다. 경제나 사회, 정치적인 기복에도 불구하고 지속적으로 번창하는 능력은 다양한 기업의 역사에서도 전례가 없는 일이다. 비슷한 기업이 나타났다 사라지는 동안에도 암웨이는 항상 뛰어난 힘을 발휘해 왔는데, 그 주된 이유는 각 IBO 특유의 능력과 체질에 따라 암웨이가 끊임없이 변화해 왔기 때문이다. 여기에 더해 한 IBO가 독창적으로 다듬어 놓은 시스템을 다른 IBO에게 전할 수 있는 자유가 있고, 또한 서로 공유하게 된 새롭고 특별한 방법이 전체 그룹 안에서 발전해 온 덕분이다.

어떤 면에서 세상에는 수많은 암웨이가 있다고 할 수 있다. 하나의 회사, 하나의 생산라인, 하나의 윤리강령, 그리고 하나의 정교하게 짜여진 마케팅플랜 등 세계를 덮을 만한 거대한 우산 아래 서로 다른 사람들이 각각의 개성을 발휘하며 살아가고 있기 때문이다. 그러한 하나의 모델 안에서 어느 특정 그룹에 속하는 IBO들은 그들의 스폰서로부터 자신의 사업을 어떻게 키워나갈 것인지를 배운다. 이를 통해 한 라인 안에 있는 모든 IBO는 같은 방식을 취하려 하고, 같은 성공담을 이야기하며 비슷한 특성을 지니게 된다.

만약 조가 오렌지색으로 표시한 플랜을 이용해 설명했다면 그 플랜을 처음 본 사람은 자신도 오렌지색으로 표시할 가능성이 크며, 마찬가지로 그것은 다른 사람에게 전해지게 된다. 이때 그 오렌지색 표시는 그 IBO가 하나의 전례를 만들었다는 사실을 인식시켜 주는 표시가 될 수 있다.

물론 오렌지색 표시는 암웨이와 아무런 관계도 없지만 신규 IBO나 프로스펙트들은 그것을 암웨이의 전통으로 인식할지도 모른다. 문제는 어떤 특정 그룹의 사업 성격이 한 사람이 사용하는 색깔 표시처럼 사소하지 않은 것도 있다는 데 있다. 어떤 것은 암웨이 자체를 다르게 보이도록 만들 만큼 중요하다.

예를 들어 플로리다주 올랜도(Orlando)에 어느 중년 여성이 구축한 그룹이 있다고 해보자. 그녀는 가정주부로 여가시간에 몇몇 이웃에게 암웨이 제품을 팔아 매달 몇 백 달러의 돈을 버는 재미에 푹 빠져 있다. 자신이 직접판매 사업에서 기대했던 것처럼 적은 시간을 투자해 친구들에게 생필품을 팔아 돈을 버는 것이다. 무엇보다 좋은 사람들을 만났고 성장한 자식들이 떠난 뒤 생긴 허전함을 채우게 되었으며 약간의 돈까지 생겨 자신의 욕구를 적절히 충족시킬 수 있었다. 이것이 그녀가 이해한 암웨이였고 나름대로 좋은 방법이었지만 이는 그녀에게 한정된 것이다.

올랜도의 중년 여성은 때로 좋은 기회를 함께 나누고자 친구에게 암웨이 사업을 설명했으며 친구들이 흥미를 보이면 그들을 후원했다. 그렇게 해서 몇 년이 지나자 올랜도 그룹은 모두 비슷한 필요성과 유사한 방식으로 암웨이에 의존하는 부인들로 이뤄진 제법 큰 규모의 그룹으로 성장했다. 그러나 올랜도의 중년 여성을 아는 사람들, 즉 그녀에게 사업설명을 들은 친척과 친구들은 암웨이가 무엇이고 어떻게 운영되는지에 대해 그다지 많은 것을 알지 못했다.

이들은 이웃 마을의 또 다른 그룹과는 판이하다. 그 마을에 크리어워터라는 부부가 살았는데 남편은 회계사이고 아내는 공립학교 교사로 둘 다 자기 직업에 만족하지 못하고 있었다. 하지만 대학을 새로 들어가거나 전혀 새로운 직업훈련을 받는 것처럼 극단적인 선택은 하고 싶지 않았다. 시간과 열정은 충분했어도 개인사업에 투자할 돈은 없었던 이들은 밝은 미래에 대한 커다란 꿈을 토대로 '땀 흘린 만큼 보상을 받는' 새로운 일을 찾다가 암웨이 사업을 시작하게 되었다.

부부는 자신들의 노력이 보다 나은 삶을 보장해 준다면 몇 년이라도 열심히 일할 각오가 되어 있었다. 특히 이들은 한 달에 며칠을 투자해 작은 치약이나 팔 생각은 없었으며 암웨이가 제공하는 모든 인정과 보상제도에 도전하고 싶어 했다. 결국 두 사람은 그 목표에 맞춰 사업을 키워 나갔으며 마침내 성공했다.

두 사람은 새로운 사람들에게도 같은 희망을 제공해 동기부여하고 IBO로 등록시켜 그들의 스폰서가 되었다. 그들은 일주일 내내 일했으며 그 그룹에 속한 사람들도 같은 방식으로 일하도록 도와주었다. 옷가게 주인이나 변호사가 자기사업에 몰두하는 것처럼 암웨이와 함께 먹고 자고 숨을 쉬며 사업에 몰두했던 것이다. 당연히 암웨이는 두 사람에게 아낌없이 보상을 해주었다.

똑같은 사업이지만 올랜도의 중년 여성과 크리어워터가 암웨이를 바라보는 방식에는 확연한 차이가 있다. 목적과 기대, 그리고 사업에서 추구하는 것이 다르면 그에 따라 일하는 방식 역시 많이 달라진다.

올랜도 그룹의 고객 집단은 무척 정적이었고 특별히 고객을 확보해 나가거나 스폰서가 되는 것을 원치 않았다. 현재 하고 있는 일에 만족한 중년 여성 역시 낯선 사람이 주위에 몰려드는 것을 원치 않았으며, 사업을 크게 키우려는 열망도 거의 없었다. 이런 상태에서는 한 달에 한 번 세미나나 랠리에 참석해 정신적인 배터리를 충전하는 것이 단지 시간낭비로 보이고, 다른 IBO의 성공사례를 통해 가르치고 격려해 주는 테이프 및 책에도 관심을 기울이지 않게 된다. 심지어 하와이 여행을 보내주는 프로모션에도 별다른 흥미를 느끼지 못한다.

반대로 크리어워터 부부는 테이프와 책을 통해 많은 것을 배우고 고무되었으며, 세미나와 랠리에 기꺼이 참석해 다른 사람들이 무엇을 하고 있고 어떤 식으로 하면 효과가 있는지 보고 들었다. 나아가 그들로부터 용기를 얻고 자극을 받기도 했다. 무엇보다 다른 IBO들과 만나는 것을 즐겼던 그들은 자신들이 탈출하려는 세상 저 건너편에 딴 세상이 있다는 것도 알았다. 그리고 그들은 하와이 여행도 아주 좋아했다!

크리어워터 부부는 올랜도의 중년 여성이 그냥 지나친 이러한 암웨이의 다른 요소들을 모두 경험했다. 사업에 대한 서로 다른 접근방식은 오렌지색과 검은색 표시 사이의 차이보다 훨씬 근본적으로 비교가 된다.

만약 올랜도 그룹에 속한 누군가가 처음으로 크리어워터 부부에게 암웨이를 소개했다면 그 부부는 다음의 둘 중 하나를 선택했을 것이다. 하나는 자신들이 필요로 하는 일이 아니라고 생각해 즉시 거절하고 만다. 다른 하나는 설사 사인을 하더라도 금방 실망해 암웨이 사업은 꿈에 대한 식견도, 실현할 의지도 없는 한 무리의 아줌마들이나 할 일이라고 여겨 그만둔다.

반대로 크리어워터 그룹 중 누군가가 처음으로 암웨이를 올랜도의 중년 여성에게 설명했을 경우에도 두 가지 반응이 나타

날 수 있다. 하나는 현재 자신의 행복한 삶이 위협받을까봐 끔찍해한다. 다른 하나는 등록을 하더라도 세미나와 랠리, 책과 테이프들, 혹은 신규 IBO를 후원하는 일에서 끊임없이 스트레스를 받아 포기하고 만다.

두 경우 모두 자신에게 맞지 않는 시도를 한 탓에 암웨이가 자신에게 적합하지 않다고 결론을 내리는 사례이다. 동시에 이들은 암웨이에 대해 편견을 갖게 된다. 사실 암웨이에 대한 크리어워터 식의 접근은 크리어워터 부부에게 적합하며, 올랜도 식은 올랜도의 중년 여성에게 적합하다. 물론 이들 예는 약간 과장되긴 했지만 얼마나 다양한 IBO그룹이 같은 마케팅플랜을 다르게 설명하고 가르치며 실행하는지 잘 보여준다.

암웨이사는 어떤 상반되는 접근방식에 대해서도 특별히 비평하거나 지지하는 것을 삼간다. 미시건의 암웨이 본사 직원들도 어느 방식이 옳거나 그르다고 섣불리 판단할 수 없다고 굳게 믿고 있다. 왜냐하면 암웨이 사업은 다양한 목표와 환경에 맞춰 설계되어 있고, 각 IBO가 그들의 인생에서 얼마만큼의 비중을 두느냐에 따라 의미가 달라지기 때문이다.

이처럼 회사가 철저하게 중립을 지키는 상황에서 어떤 방식이 살아남는다면, 그것은 찰스 다윈의 진화론처럼 그 방식의 어떤 원리나 접근법이 다른 것보다 훨씬 효과가 있다는 것을 의미한다. 몇 년에 걸쳐 기록된 숫자는 결코 거짓말을 하지 않는다. 실제로 어떤 방식은 다른 경우보다 오래 지속되고 번창하는 것을 볼 수 있다. 그런 방식을 따르는 IBO는 더 빨리 성장하며 수입도 많고 역경에도 더 잘 견뎌내 전체 암웨이에서 차지하는 비율이 획기적으로 증가한다. 그들은 분명 제대로 일하고 있는 것이다.

판매 시장은 끊임없는 테스트의 연속이므로 암웨이 사업의 어떤 특정한 시스템이 오랜 기간 계속 성공하고 있다면, 그것만으로도 그 시스템의 우수성을 확신할 수 있다. 이런 관점에서 노스캐롤라이나의 샬럿(Charlotte)에서 오랜 기간 성공을 지속해 온 덱스터와 버디 예거 부부의 경영방식을 살펴보기로 하자.

THE
DREAM
THAT WILL NOT DIE

5장

덱스터

"책을 겉표지만 보고 판단하지 마라"는 속담은 누구나 알고 있을 것이다. 이를 사람에게 비유하면 용모만 보고 모든 것을 판단하지 마라는 경고로 해석할 수 있다. 물론 이것은 우리가 마음속에 새겨두어야 할 분명한 사실이다. 아마 다른 어떤 동물보다 인간에 대해서는 더욱 그럴 것이다. 어떤 사람을 판단할 때 겉모습만 고려하면 판단을 그르치고 만다.

현대사를 연구하는 어느 역사학자는 20세기 최고의 지도자로 존경을 받는 윈스턴 처칠(Winston Churchill)을 사례로 들며

이 점을 설명했다. 처칠은 인류 역사의 방향을 바꿔놓은 위대한 인물이지만, 실제로 그의 첫인상에서는 그 모든 위대한 점을 찾아보기 어렵다.

역사학자 노먼 로즈(Norman Rose)의 표현을 빌리면 처칠은 키가 작고 뚱뚱하며 퉁명스러운 데다 냄새나는 시가를 끊임없이 피웠다고 한다. 또한 고집이 세고 머릿속이 생각으로 가득 차 주변 사람에게 불친절한 것은 물론 무관심해 보이기까지 했다. 한마디로 그는 첫인상이 좋지 못했다.

그러나 처칠은 첫인상을 충분히 상쇄하고도 남을 만큼 좋은 점이 많았다. 로즈는 "처칠을 처음 보는 순간 그의 좋지 않은 점을 모두 알 수 있다. 하지만 그를 위대하게 만든 훌륭한 점을 알려면 평생이 걸려야 할 것이다"라고 말했다.

흥미롭게도 사람들은 덱스터 예거(Dexter Yager)를 보면서 이와 비슷한 느낌을 받는다. 덱스터의 첫인상은 평범하다는 느낌밖에 주지 않기 때문에 과소평가하기 쉽지만, 갈수록 그의 뛰어난 능력에 감탄하게 된다. 실제로 그의 첫인상은 처칠과 비슷하다. 키가 작고 뚱뚱하며 시가를 곧잘 피우고 자기 의견을 강하게 주장해 고지식하고 도전적이라는 말을 자주 듣는 것이다. 또한 덱스터는 정장에 넥타이를 매는 것보다 티셔츠 차림을 즐기고 대학에 다니지 않은 사실도 숨기려 하지 않는다.

주변에서 흔히 볼 수 있는 평범한 남자 같다고 해서 덱스터를 정말로 그렇게 평가한다면, 곧바로 책을 표지만 보고 판단해서는 안 된다는 말을 실감하게 될 것이다. 만약 사람들이 처칠과의 첫 만남에서 외모를 보고 오해했다가 평생 그의 다른 면모에 감탄했다면, 덱스터 예거의 경우도 마찬가지라고 할 수 있다.

50년의 암웨이 역사에서 완벽한 방법을 찾아 끊임없이 시도하는 것은 마치 성배를 나눠 마시는 의식과도 같았다. 그 과정에서 자신만의 암웨이 경영방식을 창조하고자 애쓴 사람들의 숫자는 헤아리기 어렵지만 분명 수만 명 이상일 것이다. 그들이 겪은 수많은 시행착오와 깨달음 덕분에 암웨이에는 효과가 확실히 입증된 방식들이 자리를 잡게 되었다. 더불어 야망이 있고 자신감 있는 사람들이 그중에서 특별히 끌리는 방법을 선택했고 그룹 안에서 끈질기게 견뎌낸 후 충분한 보상을 받아왔다. 이는 마치 다윈의 적자생존 법칙이 기업경영에 적용된 것과 같다. 게으르고 소심한 사람들은 결코 시도하지 않았으며 설사 시도할지라도 오래 버티지 못했다. 결과적으로 암웨이 사업에는 좀더 나은 방법을 찾는 적극적이고 때로는 저돌적인 사람들이 더 많이 남게 되었다.

이처럼 긴 역사 속에서 많은 성공적인 IBO들이 사업에 적합한 시스템을 창조해 왔다. 하지만 지금까지 덱스터 예거보다 나은 사람은 없었다. 그럼에도 덱스터는 이 거대한 제국을 건설할 만한 사람이 갖추었으리라고 예상되는 상식적인 조건과 아무런 관련이 없었다.

- 학사학위 : 없음
- 가족의 경제적 지원 : 없음
- 사업을 시작할 때의 자기자본 : 없음
- 공인회계사 자격증 또는 경영학 석사학위 : 없음
- 컨트리클럽 혹은 로터리클럽 회원증 : 없음
- 사업 경영 경험 : 없음

이러한 악조건을 딛고 일어선 덱스터는 전 세계 암웨이 IBO 그룹 중에서도 가장 규모가 크고 수입이 많은 세계적인 그룹을 이끌고 있다. 암웨이사는 IBO의 수입에 대한 프라이버시를 존중하기 때문에 공식적으로 그런 영예에 대해 포상한 것은 아니지만 한 가지는 분명하다. 그것은 지난 50여 년간 수만 명의 다이아몬드와 수백만 명의 IBO가 덱스터의 리더십을 선망해 왔으며,

그가 개발한 시스템이 다른 어떤 것보다 오랫동안 힘을 발휘했고 더 많은 사람이 더욱더 성공할 수 있도록 도왔다는 점이다.

뉴욕을 떠나 노스캐롤라이나의 샬럿에서 새롭게 사업을 개척한 그는 엄청난 규모로 사업을 성장시켰으며 지금은 최남단인 플로리다에서 살고 있다. 하지만 정작 사업을 시작한 곳은 노스캐롤라이나에서 지리적, 문화적으로 멀리 떨어진 곳으로 그는 그곳에서 사업 기반을 닦고 자신의 시스템을 완성했다. 원래 뉴욕주의 하층계급 출신인 예거는 풀턴(Fulton)에서 태어나 청년기를 보냈으며, 암웨이 사업은 뉴욕주에 있는 가난한 마을 롬(Rome)에서 시작했다.

1939년 예거는 그 지역의 전형적인 노동자 가정에서 아일랜드 영국계 어머니, 독일 스코틀랜드계 아버지 사이에서 다섯 형제 중 둘째로 태어났다. 예거라는 성은 독일어로 '총을 집어 들고 나아가라'는 뜻이며 덱스터는 어머니의 처녀 때 성이었다.

예거 일가는 대부분 가톨릭 신자들이 살고 있는 지역에서 얼마 되지 않는 신교도 중 하나였는데, 가족의 삶에서 종교는 항상 중요한 부분을 차지했다. 그들은 감리교회와 침례교회를 번갈아가며 자주 예배를 보았고 가톨릭 신자가 아니라는 이유로 간혹 따돌림을 받기도 했지만 종교가 같고 다름을 크게 문제 삼지 않앞다.

정치적으로는 보수적인 성향이 강해 공화당을 지지했으나 늘 특정 정당에 편중한 것은 아니었다. 1948년의 대통령 선거에서 예거의 처가 쪽은 민주당의 해리 트루먼(Harry Truman)을 지지했지만 예거 일가는 정당 간판보다 후보 개인의 능력과 공약을 중시하는 공화당을 강력히 지지했다.

이처럼 간판보다 변함없이 지켜가야 할 기본 가치를 중요시하는 가풍 덕분에 젊은 덱스터의 삶에는 전통적인 보수주의가 강하게 자리 잡았고 그가 믿는 가치들은 단순하고 비타협적이었다. 그 가치란 열심히 일하고 구걸하지 말 것, 남에게 신뢰감을 주며 자신이 한 말은 지킬 것, 교회나 정부 혹은 군대 같은 사회의 기본적인 제도를 존중할 것, 가족이나 친구들에게 책임을 다할 것, 국가가 부르면 응하고 빚은 갚을 것, 자신이 한 약속은 반드시 지킬 것, 자신의 의무를 다할 것, 그리고 자신의 길을 개척하고 자유를 지키기 위해 어떤 희생도 마다하지 않을 것 등을 말한다.

덱스터 예거는 시기적으로 베이비붐 세대보다는 일찍, 제2차 세계대전을 경험한 구세대보다는 늦게 태어났다. 그가 전쟁에 대해 기억하는 것은 아버지가 히틀러를 증오했다는 것과 나치에 대항하기 위해 주저 없이 입대하려 했다는 것이다.

"아버지는 정말로 히틀러를 증오하셨어요. 아마도 독일인의 피가 섞여 있어서 더욱 그랬을 겁니다. 전쟁이 시작되자마자 어린 자식들이 있음에도 군에 지원하셨지만 탈장 때문에 신체검사에서 탈락하셨죠. 육해공군에 모두 지원했다가 탈장 때문에 어쩔 수 없이 포기하고 말았습니다. 그럴 필요까지는 없었지만 아버지는 조국을 위해 전쟁터에 나가 싸우지 못한 것을 창피해 하셨어요."

덱스터 예거의 기업가적 개성은 어린시절부터 드러났다. 무엇보다 집안 대대로 배관사업을 해왔던 터라 남에게 고용되기보다 개인사업을 하는 것이 자기 인생을 제대로 책임지는 길이라는 인식이 강했다. 실제로 덱스터의 할아버지 로열 제이 예거는 자기 가게를 운영했고 삼촌이나 다른 친척들도 마찬가지였다.

"어렸을 때부터 자기사업을 통해 독립적으로 일해야 한다는 말을 귀에 못이 박이도록 들었어요. 어머니는 늘 예거라는 성을 갖는다는 것은 다른 사람 밑에서 일하지 않는다는 것을 뜻한다고 말씀하셨지요."

한때 즉흥적인 결정으로 본의 아니게 지역조합에 가입했던 덱스터의 아버지는 그 뼈아픈 경험 때문에 더욱더 이러한 원칙을 누구보다 중요시했다. 그는 조합에 한 번 가입했던 것을 제외하면 위험을 감수하고라도 가족의 전통인 개인의 독창성을 고수했다. 이러한 집안 환경 덕분에 덱스터는 험난한 자유경쟁 시장에서 승리하려면 자신의 기술과 기지를 발휘해 살아가야 한다고 굳게 믿었다.

덱스터는 이미 6학년 시절에 사업가적 기질을 발휘해 음료수를 판매한 적이 있다. 어느 날 이웃에 큰 아파트가 들어서기 시작하자 그는 근로자들이 더운 날씨에 고생하고 있다는 점에 주목했다. 그는 서둘러 달콤한 쿨에이드 음료수를 만들었고 공사현장까지 찾아가 그것을 팔았다. 더운 날씨 탓에 음료수가 팔리긴 했지만 생각보다 신통치 않아 고민하고 있을 때, 한 근로자가 쿨에이드 값을 치르면서 말했다.

"우린 쿨에이드를 별로 좋아하지 않아. 콜라가 있었으면 좋겠다."

덱스터는 즉시 쿨에이드 판매대를 집어치우고 갖고 있던 돈을 몽땅 털어 캔 콜라를 구입한 후 집으로 달려갔다. 그리고 양철로 된 통에 얼음을 잔뜩 채워 공사현장으로 돌아왔다. 그날 콜라는 순식간에 동이 났다. 판매량이 빠른 속도로 늘어나자 덱스터는 공사장 옆의 차고에 커다란 얼음통을 갖추고 간이 판매점을 열었다.

나중에는 매일 아침 얼음을 배달해주는 사람을 채용했고, 도매점에서 콜라를 배달받아 갈증으로 고생하는 수십 명의 근로자를 상대로 사업을 했다. 이로써 한 명의 사업가가 탄생했고 덱스터는 그 일을 통해 반드시 사람들이 원하는 것을 팔아야 한다는 것을 깨달았다.

그는 어린시절 내내 여러 가지 일을 했다. 여름에는 신문배달이나 잔디 깎기를 했고 겨울에는 삽으로 눈길을 치우는 등 어떤 일이든 꺼려하지 않았다. 남이 필요로 하는 무언가를 해주고 그에 대한 보상을 받는 일 자체가 신이 났기 때문이다. 반면 학교에는 별로 흥미를 붙이지 못했다.

"학교는 재미가 없었어요. 친구들과 어울리는 것은 좋아했지만 나에게는 학교가 지루하게 느껴졌지요. 어느 해인가 우등생이 되기 위해 열심히 노력해서 우등생이 되었는데 그에 따른 보상이 아무것도 없더군요. 그래서 더 이상 그런 것에 흥미를 갖지 않게 되었어요. 초등학교 때부터 수업에 자주 빠졌고 갈수록 학교가 지겨워졌어요. 중학생이 되어서는 수업에 빠지는 데 도사가 되었지요."

중·고등학교 시절 내내 그런 식이었다. 일에는 열심이었지만 학교는 등한시했고 점점 더 사업 쪽으로 관심을 기울였던 것이다. 열여섯 살이 되자 학교는 단지 오후나 주말, 여름이 올 때까지 참아야 하는 존재로 전락하고 말았다. 그래도 수학은 늘 잘했으며 한번은 머릿속으로 계산은 할 수 있었지만 그것을 수학적 공식으로 선생님에게 설명하지 못해 커닝을 했다는 오해를 받기도 했다.

"어릴 때 돈을 벌게 되면 종이 위에 쓰지 않더라도 늘 머릿속으로 셈을 하게 됩니다. 손해를 보았는지 또는 이익이 얼마나 되는지 항상 계산을 하는 거지요. 그래서 학교에서 배우는 것보다 머릿속으로 계산하는 능력이 훨씬 더 발달하게 됩니다. 내가 그런 경우라서 답은 낼 수 있었지만 선생님께 그 풀이법을 설명할 수는 없었던 겁니다."

덱스터는 역사나 영어를 싫어했다. 또한 진취적이지 못하고 학교생활밖에 모르는 머리 좋은 학생들 틈에 끼고 싶지 않았다. 그래도 자기가 좋아하는 일이나 과목에는 매우 적극적이었기 때문에 수업시간에 선생님을 위해 영사기를 돌리는 일 등 흥미로운 일을 찾아다녔다. 그렇다고 학칙을 어기지는 않았으나 뛰어난 머리를 갖고도 학업에 관심이 없다는 이유로 야단을 맞곤

했다. 어떤 상황에서든 학교는 졸업해야 한다는 부모님의 뜻을 거역하지 못해 학교를 다니긴 했어도, 그는 조용하고 변화 없는 학교 환경보다 생기 있고 경쟁적인 현실 세계에 더 큰 매력을 느꼈다.

물고기는 헤엄을 쳐야 하고 새는 날아야 하듯 덱스터는 사업을 해야 했다. 그것은 마치 자연의 섭리와도 같았다. 그리고 신이 물고기에게 지느러미를, 새에게 날개를 주었듯 예거에게는 기업을 이끌고 나갈 본능을 주어 사업 세계에서 뭔가 대단한 것을 창조할 만한 숙명적 소질을 내보이게 했다. 하지만 이것은 훨씬 이후의 일이며 먼저 성숙기간과 시련을 겪었고 동시에 버디라는 소녀를 만났다.

THE DREAM
THAT WILL NOT DIE

6장

버디

덱스터 예거와 버디 내어후드는 서로의 꿈과 생각이 아주 많이 일치하는 천생연분의 10대 연인이었다. 버디는 16형제가 있는 가정의 꼬마 소녀로 조그마한 농장주인 아버지는 방앗간에서 일했다. 뉴욕주의 롬은 매우 작은 마을이었기 때문에 덱스터와 버디는 일부러 만나려 했던 기억이 별로 없지만, 중학교 시절 이전부터 늘 함께 자라왔다. 버디는 덱스터보다 몇 달 어린 한 학년 아래의 소녀였다.

큰 규모의 살림을 꾸려가기 위해 버디의 어머니는 도배일이나 사무실 청소 같은 궂은일도 마다하지 않고 성실히 일했다. 그러나 워낙 자식이 많아 옷은 늘 재고정리 세일이나 구세군 행사장 등에서 구입해야만 했다. 어려운 살림에도 그녀는 자부심과 긍지를 가지고 아이들을 키웠고, 아이들 역시 적극적인 어머니 밑에서 활달하게 자라났다.

덱스터와 버디는 작은 마을에서 함께 자랐기 때문에 서로 친했고 부모들도 친분이 있었다. 그런데 어느 순간부터 덱스터가 버디에게 특별한 감정을 품기 시작했다.

"여름철이면 두 집안은 함께 40킬로미터 정도 떨어진 모래사장과 보트 놀이 시설이 있는 실반비치라는 곳으로 놀러가곤 했어요. 어른들은 그곳에서 빙고게임을 하거나 춤을 추었고 우리는 해변에서 놀았지요. 내가 열다섯 살 무렵이 되었을 때, 우리는 해변에서 법석을 떨며 놀고 있었는데 그때 버디가 들고 있던 뭔가를 내가 빼앗으려고 했어요. 한창 실랑이를 벌이던 중에 문득 버디가 전과 다르게 느껴졌어요. 갑자기 여자로 보였던 거지요. 나는 그때까지 누구하고도 데이트를 해본 적이 없었고 그저 해변에서 시끌벅적하게 노는 철없는 아이에 불과했는데 그날은 달랐어요. 물론 버디는 기억조차 나지 않겠지만 나는 문득 무언가를 깨달았지요."

그렇다고 덱스터가 금방 어떤 행동을 취했던 것은 아니다. 사실 그럴 필요가 없었다. 학교나 스케이트장에서, 혹은 마을 주변에서 언제든 버디를 만날 수 있었기 때문이다. 그런데 우연히 버디와 좀더 가까워질 기회가 찾아왔다.

"그때를 분명히 기억해요. 고등학교 3학년으로 올라가는 여름이었지요. 친구와 함께 그 친구 차를 타고 드라이브를 하고 있는데, 버디가 친구와 둘이서 우리 쪽으로 오고 있더군요. 자기 아버지의 올스모빌을 몰고 있던 버디는 길고 검은머리를 바람에 휘날리며 우리에게 손을 흔들었지요. 그때 나는 친구에게 '와, 버디 좀 봐. 가서 데이트 신청을 해야겠어'라고 말했습니다. 친구는 '그래, 잘 해봐라' 하면서 내 말을 흘려들었지만 나는 정말 데이트를 신청했어요. 버디가 친구 집 현관 앞에 있는 그네에 앉아 있는 것을 보고 차를 세운 후 데이트 신청을 했지요."

워낙 어려서부터 친분관계가 있어서인지 두 사람의 관계는 빠르게 진전되었다.

"그 후 우리는 몇 번 데이트를 했는데 한번은 버디가 언니를 만나기 위해 몇 주일간 뉴욕으로 갔지요. 그때 내가 얼마나 그녀를 그리워하는지 깨닫고 깜짝 놀랐어요. 버디가 '보고 싶다'는 엽서를 보냈는데 그걸 보고 정말 기뻤지요. 버디가 돌아온 다음부터 우리는 매일 붙어 다녔고 그때 우리가 바랐던 것은 결혼할 수 있도록 하루 빨리 졸업하는 것뿐이었어요."

그들은 고등학교를 마친 열일곱 살에 결혼했다. 대학은 안중에도 없었던 두 사람은 멋진 가정을 꾸려 인생을 함께 즐기겠다는 꿈을 향해 열심히 일할 준비가 되어 있었다. 이제는 쿨에이드 음료수를 파는 임시 매장이 아닌 진짜 일터가 필요했다. 그들은 곧 아기가 생길 것에 대비해 확실한 수입이 필요했던 것이다.

예거는 고등학교 시절 내내 심킨스 의류매장에서 마루를 쓸거나 선반을 채우는 일을 했고, 가끔 점원이 나오지 않으면 판매도 도왔다. 여름에는 공사장에서 막노동을 하기도 했지만 시간당 수입은 세일즈 쪽이 훨씬 낫다는 것을 진작부터 알고 있었다. 하지만 그는 세일즈 일에 대한 자신감이 부족했기 때문에 노동직을 구하려고 했다.

고등학교 졸업장과 결혼증명서의 잉크가 채 마르기도 전에 예거는 동네 시어스 백화점에 구직 신청을 했다. 롬의 쇼핑몰에 있는 시어스 백화점에서 차고의 자동차정비공을 모집한다는 신문광고를 보았기 때문이다. 그곳이 예거의 첫 출발점이었다. 예거가 면접을 하러 갔을 때 이미 사람을 구했다는 말을 듣고 막 사무실을 나서려던 순간 지배인이 그를 불러 세웠다.

"잠깐, 방금 하드웨어 매장에서 판매원 자리가 하나 비었는데 해보겠나?"

"아닙니다. 저는 판매는 못합니다."

예거가 망설이며 대답하자 지배인이 부드럽게 말했다.

"괜찮네. 처음부터 팔라는 것은 아니고 일단 좀 해보고 익숙해지면 판매를 시작하도록 하게."

예거는 판매에는 영 자신이 없었다. 그래서 마음속에 하나 가득 짐을 안고 일을 시작했지만 얼마 지나지 않아 일류 세일즈맨으로 거듭나게 되었다. 지배인은 예거의 타고난 자질에 주목해 자신이 알고 있는 것을 모두 가르쳐 주었으며 젊은 부하직원이 성장해 나가는 것을 흐뭇하게 지켜보았다. 1년쯤 지나 그 지배인은 승진했고 예거가 매장을 실질적으로 운영해 나가게 되었다.

그즈음 버디는 쌍둥이 아들을 낳았다. 결혼 후 1년 반 만에 두 아들의 아버지가 된 덱스터는 시어스 백화점에서 받는 월급만으로는 수입이 부족하다는 생각을 하게 되었다.

THE DREAM
THAT WILL NOT DIE

7장

시어스를 넘어

　예거는 어릴 때부터 자동차를 아주 좋아했다. 운전은 물론 광을 내고 내부 기계를 손보는 일 등 자동차에 관련된 모든 일을 즐겼던 것이다. 사회학자들은 간혹 '전후 세대는 자동차에 강한 애착을 보인다'는 말을 했는데, 예거가 바로 그 세대였다.
　"아버지에게 왜건 한 대가 있었는데 나는 언제나 그 차를 세차하고 왁스칠을 했어요. 마치 그 차가 내 것이라도 되는 것처럼 부속 장치를 사서 달기도 했지요."
　이러한 애착으로 예거는 겨우 열다섯 살 때 자동차를 구입했지만, 아버지는 그가 운전면허증이 없다는 이유로 되돌려주게 했다. 예거가 그 다음으로 구입한 자동차는 47년형 다찌였는데, 그 차는 친구에게 넘겨받을 때부터 이미 고물이었다. 예거는 칠을 모두 벗겨내고 내부를 49년형 쿠페로 모두 교체한 후 새로 칠을 했다.

이렇게 차와 함께 씨름하는 동안 어느 덧 예거는 솜씨 좋은 정비공이 되어 있었다. 그는 친구와 서로 번갈아가며 상대방의 차를 손보곤 했는데 그것은 수리비를 감당하기가 벅차기도 했지만 둘 다 그 일을 무척 좋아했기 때문이었다. 두 사람에게 자동차를 만지는 일은 신나는 오락이나 다름없었다.

"자동차는 언제나 내 가장 큰 꿈이었어요. 나에게는 단순한 운송수단 이상의 의미가 있었지요. 나는 아주 어린시절부터 자동차를 사랑했습니다."

자동차에 심취해 있던 예거가 자동차 세일즈맨을 택하려 한 것은 당연했다. 아직 10대였을 무렵, 예거는 롬에 있는 쉐비자동차 영업소에 찾아가 세일즈맨이 되고 싶다고 말했다. 하지만 소장은 아무런 이유도 말해 주지 않고 즉각 채용을 거절했다. 예거는 자신이 얼마나 자동차를 사랑하며 또한 자동차에 대해 잘 아는지 열심히 설명했지만 대답은 마찬가지였다.

"그런 것은 아무 상관이 없소. 젊은이는 결코 세일즈맨이 될 수 없소. 자질을 전혀 갖추지 못했기 때문이오."

그 영업소장은 예거가 왜 자동차 세일즈맨이 될 수 없는지 조목조목 설명해 주었다.

"무엇보다 나에게는 약간의 언어장애가 있었어요. 긴장을 하면 말을 약간 더듬었지요. 영업소장은 그 점을 지적했고 그 외에도 내가 세일즈맨이 될 수 없는 이유를 여러 가지 지적했어요. 나는 영업소장의 말을 모두 받아들였어요. 그가 자기 말에 확신이 있어 보였기 때문에 그 말을 그대로 믿었던 거지요."

그것이 예거를 시어스 백화점 쪽으로 발길을 돌리게 만든 이유였다. 처음으로 시어스 백화점 하드웨어부에서 근무할 당시, 예거는 금전등록기의 키를 누르는 것조차 두려워했지만 3년을 근무하면서 모든 것이 달라졌다. 그는 자신이 세일즈를 할 수 있다는 것을 깨달았고, 마음을 비우고 고객에게 신경을 집중하면 말을 더듬는 것도 사라진다는 것을 알았다. 여기에 쌍둥이 아들이 태어나면서 돈을 더 벌어야 한다는 책임감이 늘어났다.

예거는 시어스 월급으로 살아가기 위해 차를 픽업트럭으로 바꾸기로 했다. 그 차의 유지비가 덜 들었기 때문이다. 예거는 포드자동차 영업소로 가서 영업소장 스탄에게 픽업트럭을 찾고 있다고 말했다.

"픽업트럭? 왜 하필이면 픽업트럭이오?"

스탄이 의아해서 묻자 예거는 경제적인 이유 때문이라고 말했다.

"그럼 픽업트럭을 찾기보다 여기에서 자동차를 판매하는 것이 더 좋겠군요. 그러면 트럭을 몰고 다닐 필요도 없을 테니 말이오."

"아닙니다. 저는 할 수가 없어요."

그는 몇 년 전에 쉐비 영업소에서 들었던 자신이 세일즈맨이 될 수 없는 이유를 들려주었다. 스탄은 그 말을 일축했다.

"흠, 그럴 수도 있지. 그런데 아직 알지 못할까봐 하는 얘기인데, 그 쉐비 영업소는 벌써 문을 닫았다오. 그들은 사업이 뭔지도 모르는 사람들이었소. 덱스터, 여기서 일하는 것이 어떻소? 승낙만 한다면 내가 적극 도와주겠소. 내가 장담하건대 당신은 틀림없이 대단한 세일즈맨이 될 거요."

"그렇게 확신하십니까?"

예거는 바로 그 사실이 알고 싶었다.

"빌리 존을 알고 있소?"

"그럼요. 그 사람에게 얼마 전에 잔디 깎는 기계를 팔았지요."

"맞아요. 당신은 그 사람에게 잔디 깎는 기계를 한 대 팔았고, 우리 세일즈맨들에게는 여섯 대나 팔았소. 시어스에서 그렇게 한 사람은 지금까지 아무도 없었소. 당신은 타고난 세일즈맨이란 말이오. 잔디 깎는 기계를 팔 수 있는 사람이 자동차를 팔지 못한다는 게 말이 되오?"

스탠은 예거에게 자신감을 심어주었고 예거는 집에 돌아가 버디에게 포드 영업소에서 자동차 세일즈를 하겠다고 말했다. 다음날 예거는 시어스 백화점의 담당부장을 찾아가 2주일 뒤에 그만두겠다고 말했다. 그러자 예거의 상관은 놀라는 기색으로 화를 내며 고함을 질렀다.

"2주일 후에 그만둘 거면 지금 당장 그만두게!"

그렇게 해서 예거는 그날로 시어스를 그만두게 되었다.

"나는 스탠에게 전화를 해서 앞으로 2주일간 어떻게 해야 할지를 물었고, 그는 나에게 당장 내일부터 나오라고 했어요. 일이 그렇게 된 거지요."

그 후 3년간 예거는 마을의 고속도로변에 위치한 '에드맥스 웰포드'에서 포드 신형 및 중고차들을 팔았다. 그때 예거는 수수료 대신 주당 60달러의 고정급과 회사차를 받았고 모든 것이 순조롭게 진행되었다. 또한 예거 가족은 자동차전시장 옆에 딸린 대리점 소유의 작은 집을 빌려 이사했다. 예거는 아침 8시부터 밤 12시가 넘을 때까지 일했지만 여전히 돈이 쪼들렸고 무척 고생스러웠다. 그러나 두 사람은 젊었고 서로 사랑했기에 잘 이겨 나갔다.

그 3년간 예거는 롬에서 최고의 세일즈맨이라는 명성을 얻게 되었다. 덕분에 다른 여러 영업소에서 예거를 데려가고 싶어 했는데 캐릭달 영업소도 그중 하나였다. 드디어 예거가 자신의 노력으로 이름을 날리기 시작했던 것이다.

하지만 영업소 소유주였던 에드 맥스웰이 사망하자 모든 것이 달라지기 시작했다. 누구도 무슨 일이 일어날지 예측하지 못했지만 예거는 새로 영업소를 경영하게 된 사람이 새 자동차의 주문을 줄이는 동시에 급격하게 재고를 줄여나가는 것에 주목했다. 확실히 큰 변화가 다가오고 있었다. 예거는 불길한 소문을 들었고 많은 직원이 해고당하는 것을 지켜보았으며 소유주가 사업체를 팔려고 한다는 분명한 징후를 느낄 수 있었다.

일단의 사업가들은 만약 예거가 포드 영업소를 인수한다면 자금을 대겠다는 제의를 해오기도 했다. 이때 문득 예거는 자신이 세일즈를 아무리 잘할지라도 자기사업이 아닌 이상 근본적으로 불안한 상황은 이어질 수밖에 없다는 것을 깨달았다.

결국 영업소는 문을 닫았고 예거는 뭔가 다른 일을 찾아야만 했다. 다시 한 번 좀더 나은 일을 찾아 도전해야 했던 것이다. 이번에는 단 하룻밤 동안의 실직보다 그 기간이 훨씬 길었다. 거의 한 달간 신문 구직란을 뒤지고 가능성을 점치면서 점점 불안감이 커졌다. 더욱이 이 시기에 가족이 더 늘어났다. 쌍둥이가 태어난 지 16개월 만에 딸 에이프릴이 태어났고 곧이어 리사, 제프, 리안, 그리고 스티븐이 연이어 태어났다.

예거가 포드 영업소를 그만두고 버디가 출산으로 인해 바깥 일을 할 수 없게 된 때는 세 번째와 네 번째 아이 사이였다. 예거가 일을 그만두자 경제적으로 갑자기 어려워진 버디는 다시 일자리를 알아보기로 했다. 이때 버디와 덱스터는 함께 지방 군부대에 취업 신청을 했다. 그런데 어떤 이유에서인지 버디는 취업이 되었지만 덱스터는 거절을 당하고 말았다.

"정말 굴욕적이었어요. 기가 막혔죠. 나는 입사 시험의 타이핑 테스트에서 실패해 점수가 모자랐고, 버디는 통과한 거였지요. 나 자신이 바보 같았어요. 어린아이가 딸린 아내는 타이피스트로 취직을 했는데 나는 직업도 없었으니... 마치 내가 놈팡이 같았지요. 정말 화가 났습니다."

그가 마침내 얻게 된 일자리는 웨스트&브루어리라는 지방 맥

주회사의 제품을 배달하는 일이었다. 술집이나 식당, 슈퍼마켓을 방문해 맥주를 주문받고 가게로 물건을 갖다 주어야 했던 것이다. 물론 근사하거나 신나는 일과는 거리가 멀었지만 버디의 월급과 합하면 그럭저럭 생활을 꾸려갈 수 있었다.

당시 예거 부부는 뒷골목에 있는 작은 집을 구입했다. 지은 지 8년이 된 집이라 손볼 곳이 많았지만 그들에게는 손을 쓸 시간이 없었다. 두 사람 모두 늦게까지 일했고 보모와 시간을 맞추느라 애를 먹었으며 그 대단한 직장을 오가는 때 겨우 얼굴만 마주치는 정도였다. 누구도 즐거워하는 사람은 없었고 신혼시절의 꿈이 무엇이었는지 기억조차 희미해져 갔다.

"버디는 자기 일을 무척 싫어했어요. 특히 아이들을 떼어놓고 일해야 하는 것을 견디기 힘들어했지요. 밤 11시 30분이나 되어 집에 돌아오곤 했는데 버디가 직장을 그만두려고 해서 거의 일주일에 한 번씩 밤새 싸우곤 했습니다. 버디는 직장에서 받는 대접에 넌더리를 냈고 나는 '버디, 우리는 이 집을 샀어. 대출금을 벌어야 한다고!' 하며 소리를 지르곤 했지요. 어느 날 밤 나는 너무 화가 나서 침실 벽을 내리쳤습니다. 내 말을 이해시키려다 순간적으로 그랬던 것 같아요. 나는 결코 포악한 성격은 아닌데 그날 밤 벽을 내리치고 만 겁니다."

그렇게 넌더리를 내며 간신히 꾸려가는 삶이 얼마간 지속되었다. 하지만 그런 삶은 1964년이 되면서 바뀌기 시작했다. 그렇다고 순식간에 바뀐 것은 아니다. 예거가 웨스트&브루어리에서 미국의 가장 힘 있는 직접판매 기업까지 걸어간 길은 결코 하룻밤에 갈 수 있는 거리가 아니었다. 어쨌든 "천 리 길도 한 걸음부터"라는 속담처럼 1964년 11월 1일 예거는 그 첫걸음을 내디뎠다.

THE DREAM
THAT WILL NOT DIE

8장

예거, 사업을 보다

결코 잊을 수 없는 그날 밤, 일터에서 돌아온 덱스터는 부엌 식탁 위에 놓인 쪽지를 한 장 발견했다. 버디는 집에 없었고 쪽지에는 이렇게 적혀 있었다.

"덱스터, 오늘밤 러스가 암웨이에 대한 이야기를 하기 위해 찾아올 거예요. 제발 귀담아 들어봐요. 사랑해요. 버디가… 나는 어머니 집에 가 있을게요."

덱스터는 마음이 상했다.

"나는 벌컥 화가 났지요. 하루 종일 물건을 배달하느라 무척 피곤했기 때문에 어떤 사람이 밤늦게 찾아와 관심도 없는 일에 대해 이야기한다는 것이 귀찮았어요."

버디가 쪽지에 적어놓은 러스는 덱스터의 먼 친척으로 방앗간에서 일하다가 최근에 실직한 젊은 청년이었다. 무엇보다 '제발 귀담아 들으라'는 부분이 가장 못마땅했다. 그것은 버디가 남편에게 신사답게 행동해서 러스의 말을 끝까지 들어줄 것과 서둘러 집 밖으로 내몰지 말라는 부탁이었기 때문이다. 덱스터는 그것이 이미 계획된 일이라는 것을 알았다. 버디는 덱스터에게 물어보면 약속하지 말라고 할 것을 미리 알았던 모양이다. 그래서 버디는 묻지도 않고 약속을 한 뒤, 어머니 집으로 피함으로써 덱스터가 그 약속을 취소할 수 없도록 한 것이다.

"마치 말썽이 일어날 것을 짐작하고 밖으로 나가버린 것 같았어요."

덱스터는 이미 두 번이나 암웨이를 접한 적이 있었고, 그 사업이 집집마다 돌아다니며 물건을 파는 일이란 것을 알고 흥미를 잃은 상태였다. 그럼에도 버디가 러스와 이런 공모를 한 이유는 단순했다. 버디는 직장을 그만두고 아이들을 직접 키우고 싶어 했고, 암웨이가 자신을 직장에서 빼내 줄지도 모른다고 생각했던 것이다.

물론 결국에는 그녀가 옳았다.

"나는 단지 팔짱을 끼고 앉아 러스가 이야기하는 것을 물끄러미 바라봤지요. 굉장히 화가 나 있었으니까요."

덱스터는 마음속의 반감에도 불구하고 러스가 긴장해서 말을 더듬으며 암웨이 플랜에 관해 이야기하는 것을 끝까지 들었고, 어느 순간 마음이 끌리기 시작했다.

"갑자기 러스가 적어놓은 숫자가 눈에 확 들어오더군요. 그 숫자들을 이해한 겁니다. 러스가 한 말을 존중했다거나 그 사업이 정말 좋았다기보다 그 숫자들을 이해했기 때문에 '좋아, 이제 내가 어떻게 해야 하지?'라고 말했지요."

그렇게 해서 덱스터와 버디 예거는 IBO가 되었다. 두 사람은 마치 전 인생이 거기에 달려 있는 것처럼 일에 덤벼들었다. 그날 밤, 덱스터는 사인을 하자마자 러스를 친구의 집으로 데려가 플랜을 설명하게 했고, 이번에는 자신도 사업설명 방법을 배우기 위해 메모를 했다. 그때 그 친구도 암웨이 사업에 참여했다. 다음 날 덱스터는 사업설명 하는 것을 다시 보기 위해 다른 미팅에 참석했다. 그리고 그 다음날 다른 사람을 후원했고 예거 부부는 출발하자마자 뛰기 시작했다.

사업을 시작하고 둘째 달이 되었을 때 예거는 16장의 보너스

수표를 받았다. 이것은 덱스터 부부가 적어도 16명의 IBO를 등록시켰고 그들이 각각 한 달에 100달러 이상의 실적을 올렸다는 것을 의미했다. 덱스터는 매일 밤 자신이 아는 거의 모든 사람에게 플랜을 설명했다. 모든 형제, 친구, 그리고 시어스 백화점과 포드 영업소, 브루어리, 군부대에서 함께 일했던 사람들에게 플랜을 보여주었던 것이다. 심지어 부모님께 비즈니스키트를 크리스마스 선물로 주기도 했다.

예거 부부는 다음달에 7,500달러의 실적을 올려 당시의 명칭으로 실버다이렉트가 되었고 미시건주의 에이다시 있는 본사를 방문하는 보너스를 얻었다. 두 사람은 회사의 시설을 둘러보고 리치 디보스와 제이 밴 앤델을 만났으며 암웨이사가 그해 전국적으로 3,600만 달러의 총매출을 올렸다는 뉴스도 들었다.

"정말 놀랄 만큼 엄청난 회사라는 생각이 들었어요. 당시에도 그런 느낌이었는데 오늘날 암웨이는 세계적으로 60억 달러가 넘는 규모로 성장했지요."

예거는 하루 종일 쉬지 않고 일했다. 무엇보다 암웨이 플랜을 설명하기 위해 저녁시간을 비워야 했기 때문에 웨스트&브루어리 거래처를 방문하는 스케줄을 다시 짰다. 몇몇 큰 가게는 새벽 6시 30분에 문을 여는 바람에 새벽같이 일어나 배달을 나가기도 했다. 그렇게 일주일에 60시간을 브루어리에서 일하면서도 그는 하루도 빠짐없이 플랜을 설명했다.

"매일 잠자리에 들 때마다 내 그룹과 같이 사업할 사람들의 명단을 생각했어요."

1965년 1월, 예거는 실버다이렉트 세미나에 참석하기 위해 휴가를 신청하러 지배인에게 갔다. 그런데 지배인은 절대로 휴가를 줄 수 없다고 했다. 당시 브루어리는 새 건물에 입주할 예정이었기 때문에 덱스터가 꼭 있어야 한다고 했던 것이다. 이때 덱스터는 조금도 망설이지 않았다.

"나는 이미 내 미래는 브루어리가 아닌 암웨이에 있다고 결정하고 있었기 때문에 생각이고 뭐고 할 것 없이 당장 그만두겠다고 말했지요."

그렇게 해서 덱스터는 졸지에 암웨이의 전업 사업가가 되었다.

"나는 여러 가지 면에서 참 고지식했어요. 그때 만약 내가 좀 더 나이 들었고 영리했다면 아마도 세미나에 가지 않겠다고 했을 겁니다. 그러나 나는 젊었고 내가 하는 일이 옳다고 믿었지요."

결과가 보여주는 대로 그는 옳았다.

예거 부부는 플래티늄이 되자마자 자신들이 후원해준 사람들이 플래티늄으로 가는 것을 보게 되었다. 덕분에 두 사람의 수입은 한 달에 1,000달러가 넘을 때까지 꾸준히 증가해 집을 샀을 당시 두 사람의 고정수입을 합한 것보다 많아졌다.

그러나 새 사업에서 괄목할만한 성공을 거둔 후 얼마 지나지 않아 예거 부부는 편안하고 틀에 박힌 일상에 빠져버렸다. 그렇다고 이전의 생활만큼 나쁘지는 않았지만 그래도 역시 틀에 박힌 것은 마찬가지였다.

나중에 깨달은 사실이지만 문제는 그들이 암웨이 사업을 하게 된 동기가 겨우 직장을 그만두는 데 있었다는 점이었다. 덱스터는 자기사업을 하고 싶었고 버디는 집에서 아이들과 함께 지내길 바랐던 것이다. 그것이 그들 꿈의 한계였고 더 이상은 없었다.

당연히 그들이 이룬 성공은 점점 줄어들어 겨우 옛 수입을 대신할 정도밖에 되지 않았다. 다시 말해 간신히 생활을 유지할 정도로 쪼그라든 것이다. 이는 일종의 동기에 대한 중력의 법칙과 같다. 인생은 언제나 그런 식으로 작용한다. 즉, 사람의 행동이 부지불식중에 자신의 꿈에 맞춰지는 것이다. 예거 부부에게 그것은 자유롭긴 해도 가난하다는 것을 의미했다. 비록 시간에 맞춰 출퇴근할 걱정은 없었으나 보다 나은 삶을 제공할 돈을 벌지 못했다.

　두 사람은 직업적으로나 개인적으로 슬럼프에 빠지고 말았다. 암웨이는 실제로 그들이 요구한 것을 모두 주었지만 문제는 두 사람이 너무 적은 것을 요구했던 데 있었다. 덱스터는 당시의 뼈아픈 경험을 솔직하게 들려주었다.

　"우리는 자유롭고 싶었어요. 우린 원하던 것을 얻었지만 그 후로 다른 어떤 목표도 세우지 않았지요. 그래서 3년간 우리는 겨우 플래티늄을 유지하는 정도로만 일했습니다. 탓에 나는 이 사업이 내가 원하는 방향으로 가고 있지 않다는 것을 깨닫고 용기를 잃기 시작했어요. 주변에서 실패한 사람들의 이야기도 듣기 시작했는데 그들은 암웨이가 모든 것을 해결해 줄 수는 없다고 말했습니다."

　사실 예거 부부는 자신들의 꿈이 죽어가도록 방치하고 있었다.

　"경솔하게도 나는 '암웨이를 완전히 포기하진 않겠지만 다른 직업을 구해야 할 것 같아'라고 말했습니다. 그리고 또다시 일자리를 찾아 나섰지요."

　예거는 직업소개소를 찾아갔고 그곳에서는 상품광고를 해주는 회사를 소개했다. 덱스터는 충실하게 인터뷰 시간에 맞춰 그 회사를 찾아갔지만 1년에 8,000달러를 주겠다던 그 회사에 입사

하지 못했다. 돌이켜 생각해 보면 이것은 덱스터에게 천우신조였다.

덱스터는 몇 가지 테스트에서 다양한 질문에 답을 써넣은 후 인사담당부장 앞에 앉았다. 부장은 궁극적으로 어떤 종류의 직업을 갖고 싶은지 물었다. 이때 예거는 특유의 고지식한 솔직함을 고스란히 드러냈다.

"전 언젠가 당신의 자리에 앉고 싶습니다."

그리 좋은 대답이 아니었다. 그 인사담당부장은 불쾌했는지 덱스터를 비난했다.

"첫째, 지금 내 자리에 앉을 기회는 없소. 둘째, 당신은 지금 세일즈맨이 되려고 인터뷰를 하고 있는 중이오. 앞으로도 이 자리에 앉을 기회는 영원히 없을 거요. 셋째, 우리는 어느 정도 수준이 있고 훌륭한 인격을 갖춘 영리한 사람을 찾고 있소. 당신은 우리의 특별한 고객을 상대할 만한 자격을 갖추지 못한 것 같소."

인터뷰는 그렇게 끝나고 말았다. 그것을 계기로 자신을 돌아본 예거는 집에 도착할 즈음 머리가 맑아졌다. 그때 그는 두 번 다시 어떤 종류의 다른 직업도 찾지 않겠다고 맹세했다.

"그날 밤 버디와 함께 진지하게 얘기를 나눴어요. 나는 단잠을 깨우는 전화벨 소리처럼 그날의 경험에 감사한다고 말했지요. 나는 그동안 이리저리 핑계만 대왔고 믿음을 버렸으며 열정도 잃어버렸지요. 지난 3년간 잠들어 있었던 겁니다. 나는 버디에게 '나에게 필요한 것은 직장이 아니라 내 꿈을 되찾는 거야. 지금부터 암웨이가 아니면 우린 아무것도 아니라는 것을 깨달아야 해. 이것이 우리에게 최선이고 유일한 희망일 거야'라고 말했습니다. 그 이후 〈크게 생각할수록 크게 이룬다The Magic of Thinking Big〉라는 책을 읽었는데, 이 책이 내 생각을 근본적으로 바꿔놓았으며 지금의 내가 있게 해주었습니다."

그날 밤 이후 덱스터의 태도는 변했고 그의 사업 역시 극단적으로 변해갔다. 〈크게 생각할수록 크게 이룬다〉를 통해 사고의 크기가 중요한 것을 깨달은 덱스터는 재충전된 사명감으로 밤마다 플랜을 설명하기 시작했으며 마법은 다시 효과를 발휘하기 시작했다. 그는 꿈을 되찾았던 것이다.

사업은 붐을 일으켰고 6개월 만에 덱스터의 IBO그룹은 전체 암웨이 세계에서 가장 큰 그룹으로 거듭났다. 덱스터는 사업설명을 위해 플로리다로 가다가 가끔 노스캐롤라이나에 들르곤 했는데 그곳이 썩 마음에 들었다. 그래서 덱스터와 버디는 기후가 따뜻한 그 지역으로 사업기반을 옮기고 노스캐롤라이나의 샬럿에 자리 잡기로 결정했다. 이에 따라 뉴욕의 롬에 계속 근거를 두면서 남쪽으로 또 다른 레그들을 확장해 나갔다. 그리고 채 2년도 되지 않아 그들은 다이아몬드를 넘어 더블다이아몬드에 도달했다.

어떻게 이토록 빠른 성장을 달성할 수 있었을까?

"나는 한 가지 가르침을 얻었어요. 사업을 키워 나가려면 그만큼 꿈도 키워야 한다는 것을 깨달은 겁니다. 만약 꿈을 잃어버리면 다른 모든 것도 잃고 맙니다. 나는 지금 서 있는 자리보다 더 큰 꿈을 품지 않고는 도저히 더 이상 나아갈 수 없다는 것을 배웠어요. 또한 내 꿈이 살아있게 하려면 도움이 필요하다는 것도 알았지요. 그렇기 때문에 긍정적인 내용의 책과 테이프를 꾸준히 접하고 그 내용을 실천해 성장하는 것이 필요합니다. 더불어 자신의 꿈을 이루기 위해 끊임없이 마음을 다져야 합니다. 나는 다시 한 번 우리의 사업이 완전히 탈바꿈했다는 것을 알았습니다."

덱스터와 버디는 긍정적인 자극을 주는 책들로부터 신념의 세계를 접했고, 이를 통해 자신들의 꿈이 비록 완전히 죽은 것은 아니지만 너무나 작고 보잘것없다는 것을 깨달았다. 동시에 뉴욕의 롬 바깥에 자신들이 상상조차 하지 못했던 거대하고 흥미로운 세계가 존재한다는 것을 알았다.

THE DREAM
THAT WILL NOT DIE

9장

시스템을 만들다

    3년간 슬럼프에 빠져 좌절을 겪은 예거는 새로운 도약을 시작했을 때 초창기 암웨이 IBO그룹을 모범으로 삼아 몇 가지 중요한 원칙을 세웠고, 이것을 곧바로 자신의 고유한 스타일로 만들었다. 이 원칙들은 오늘날까지도 예거 시스템을 구축하는 초석 역할을 하고 있다.

    1990년대 들어 암웨이 안팎의 수많은 IBO가 이 원칙을 받아들이고 또한 전파하고 있지만, 40여 년 전만 해도 그러한 개념이 혁신적이며 논쟁의 여지가 많았다는 사실을 기억하는 사람은 드물다. 물론 예거가 그러한 개념들 자체를 고안했다고 할 수는 없지만, 그는 그것을 필수적인 핵심요소로써 자신의 시스템 안에 자리 잡게 한 진정한 개척자였다.

예거는 다음의 몇 가지 원칙을 마케팅플랜 만큼이나 중요시했다.

1. 꿈을 가꾼다.
2. 뿌리를 깊이 내린다.
3. 바람직한 자세를 위해 사업보조도구를 사용한다.
4. 대규모 미팅을 연다.

꿈을 가꾼다(Dream Building)

예거는 사람이 열심히 노력하도록 만드는 것은 정신이나 이론이 아니라 감정이라고 주장한다. 그리고 인간에게 가장 큰 힘을 주는 것은 긍정적 감정이므로 새로운 사업을 쌓을 때 가장 먼저 해야 할 일은 개인의 꿈에 불을 지피는 것이라고 생각한다. 당연한 얘기지만 크고 야망이 있는 꿈일수록 더 좋을 것이다.

신규 IBO나 프로스펙트가 암웨이 사업을 잘 수행하려면 모든 사실과 숫자를 사용해 이론적, 지적으로 사업을 설명하는 것은 물론 사람들 속에 잠들어 있는 열정과 욕구를 일깨워야 한다. 일단 사람들이 적극적으로 꿈을 갖게 되면 그 꿈을 실현하기 위해 사업을 추진할 힘을 얻기 때문이다.

개인의 꿈을 세우는 것이 암웨이 사업에서 성공할 수 있는 가장 중요한 요소라는 예거의 생각은 그의 시스템에서 가장 돋보이는 요소다. 실제로 여러 가지 사례가 이러한 결론을 뒷받침하고 있다. 예거는 1978년에 ≪그 누구에게도 당신의 꿈을 빼앗기지 마라≫는 책을 썼는데, 이는 백만 부 이상이나 팔려나갔고 지금도 많은 사람이 읽고 있다. 그는 또한 그룹 파트너들과 함께 '드림위크엔드(Dream Weekends)'라는 펑션을 열고 있다.

분명히 말하지만 예거는 이러한 개념을 대충 만들어낸 것이 아니다. 꿈의 중요성은 세일즈맨의 미사여구 안에 자주 등장해 왔으며, 예거 이전에도 많은 작가나 연설자들이 주장해 왔다. 예거가 암웨이 사업을 시작하기 훨씬 이전에 그 테마로 전국적인 명성을 얻은 리치 디보스도 그중 한 사람이다. 차이점이 있다면 그것의 우선순위이다.

예거는 꿈에 대한 이야기를 계속하면 듣는 사람이 새로운 사업을 허황되게 받아들일 위험이 있음을 알았다. 또한 감정을 강조하는 것은 사업의 실체 없이 흥분과 감정으로 일관한다는 비평을 받을 수 있음도 알고 있었다.

그러나 예거는 그러한 위험과 비평을 둘 다 받아들였다. 기술적인 면을 강조하는 암웨이의 전통적인 틀을 벗어났던 것이다.

"나는 결코 이 사업을 실제보다 복잡하게 만들고 싶지 않았어요. 암웨이가 널리 알려지지 않았던 초창기에는 사람들이 이 사업을 가능성이 풍부한 사업으로 진지하게 받아들이도록 애썼지요. 꿈을 너무 강조하면 사람들이 우리가 훌륭한 제품을 생산하는 탄탄한 기업이라는 사실을 경시하게 될까봐 두려웠기 때문입니다. 그러나 몇 년이 지난 뒤에는 꿈이야말로 우리가 항상 강조해야 할 것이라는 사실을 깨달았어요."

뿌리를 깊이 내린다(Working in Depth)

한 IBO가 새로운 사람들을 후원하기 시작하고 그 사람들 역시 차례로 새로운 사람들을 후원하게 될 경우 이들은 기본적인 의문을 갖게 된다. 시간을 어떻게 쓰는 것이 더 효과적일까? 개인적으로 신규 IBO를 후원하는 것이 더 생산적일까, 아니면 그 다운라인들이 새로운 사람들을 후원하도록 돕는 것이 좋을까? 이것은 한마디로 위스를 하느냐 아니면 뎁스를 하느냐의 문제이다.

물론 가장 좋은 것은 그 두 가지를 다 하는 것이다. 무엇보다 중요한 규칙은 IBO가 아무리 성공했고 큰 그룹을 거느릴지라도 개인적인 후원을 그만두면 안 된다는 것이다. 더불어 자신의 다운라인에 속한 사람들이 그들 자신의 그룹을 성공적으로 이끌 수 있도록 돕는 것도 중요하다.

문제는 사업이 커짐에 따라 어떻게 균형을 유지하고 또한 어느 곳에 우선순위를 두어야 하는가 하는 점이다. 모든 것을 다 할 수 있을 만큼 시간이 충분하진 않다.

암웨이 사업을 시작하고 나서 얼마 지나지 않아 덱스터는 큰 IBO그룹의 안정성과 지속성은 위스보다 뎁스에 달려 있다는 것을 깨달았다. 당시에는 사업에 대한 이러한 관점이 매우 낯설었으며 보통 개인적으로 신규 IBO를 후원하는 것을 강조하고 있었다.

많은 IBO가 몇 가지 요소로 인해 뎁스를 위주로 일하는 것을 꺼린다.

첫째, 마케팅플랜 자체가 개인적인 후원에 훨씬 유리하게 되어 있다. 또한 뎁스가 없더라도 광범위한 IBO그룹, 즉 리더가 대부분의 IBO를 개인적으로 후원하는 그룹에서 가장 많은 수입을 올린다.

둘째, 암웨이사에서 성과를 인정하는 제도가 거의 대부분 위스에 따른다. 루비, 에메랄드, 다이아몬드 등의 명예는 뎁스와는 상관없이 위스에 따라 주어지는 것이다.

셋째, 회사의 경영 철학이 신규 플래티늄은 스스로 일할 것과 스폰서와의 밀접한 비즈니스 관계에서 벗어나 회사와 직접 관계를 갖기를 기대한다. 이에 따라 스폰서의 도움과 보호를 받던 IBO들이 플래티늄에 도달하면 갑자기 둥지 밖으로 내몰려 직접 리더십을 발휘하도록 요구받게 된다.

물론 예거처럼 리더십이 강한 IBO에게는 이러한 제도가 훌륭하게 작용할 수도 있다. 하지만 대다수의 다른 IBO는 업라인 리더십을 잃게 되어 당황하게 되고 플래티늄에서 성장을 멈추기 십상이다.

이러한 방법은 초창기 무렵에는 현명하고 또한 필요했다고 할 수 있다. 이는 미시건에 있는 본사가 쉽게 통제할 수 있도록 해주어 전국적으로 퍼져 있는 그룹에 직접 영향을 미칠 수 있었다. 실제로 이러한 방침은 암웨이가 수십억 달러 규모의 기업으로 발전하는 동시에 서로 밀착된 내부구조를 유지하는 데 많은 도움이 되었다.

그러나 예거는 암웨이가 성숙하고 성장함에 따라 그룹을 육성

하고 동기를 부여하는 회사 자체의 능력은 감소한다고 생각했다. 이미 기업화되어 전국에 광범위하게 퍼져 있는 각각의 IBO 그룹이 수십 년에 걸친 여러 가지 난관을 견뎌낼 수 있는 탄력성을 유지하려면 위스뿐 아니라 뎁스도 있어야 할 것이라고 판단한 것이다.

이러한 신념으로 예거는 꿈을 세우는 것과 마찬가지로 뎁스를 강조했다. 뿌리를 깊이 내리는 것이나 자신의 다운라인이 성장하도록 돕는 전략 역시 예거가 창조한 것은 아니지만, 그는 이전의 어떤 사람보다 훨씬 더 그 중요성을 잘 파악했다. 이에 따라 그는 자신이나 동료들의 성공을 그룹 안에 몇 명의 IBO나 플래티늄이 있는가보다 몇 명의 다이아몬드가 있느냐로 측정했다.

또한 예거는 사람들이 얼마나 개인적인 친밀감을 필요로 하는지 파악했으며, 회사의 상투적인 말보다 현명하고 성실한 조언자가 훨씬 더 가치 있다는 것을 이해했다. 더불어 뎁스를 중요시하는 많은 사람의 대부 같은 존재가 되어 그들의 삶에 관여하고 투자하는 방법을 가르쳤다.

바람직한 자세를 위해 사업보조도구를 사용한다

기업가가 성공할 수 있는지는 기본적으로 그 사람의 자세에 달려 있다. 자기사업에서 성공하기란 그리 쉽지 않은 일이다. 성공할 가능성이 그리 크지 않기 때문에 더러는 실망할 수도 있으므로 무엇보다 성공이 가시화하기 전에 미래의 보상을 믿는 낙관적이고 밝은 마음이 중요하다.

암웨이 사업을 밑바닥부터 키워나가는 데 필요한 낙관적인 태도와 불멸의 정신을 천성적으로 타고난 사람은 거의 없다. 선천적으로 잘 견디고 낙관적인 사람이 있더라도 부정적인 메시지와 비관적인 환경이 종종 사기를 떨어뜨리게 마련이다.

그럴 경우 가장 좋은 방법은 긍정적인 사고를 담은 책과 오디오테이프, 그리고 미팅이나 펑션을 통한 다른 IBO들과의 만남을 통해 부정적인 메시지가 아예 힘을 발휘하지 못하도록 하는 것이다. 특히 많은 사람이 모여 열심히 노력하면 어떤 좋은 결과가 있는지를 직접 확인하는 자리에 참석하면 뜨거운 열정이 샘솟는 것을 느낄 수 있다.

사업을 도와주는 보조도구는 마치 목수의 망치와 톱처럼 긍정적인 자세를 갖게 하고 사업을 해나가는 기술과 원칙을 공유하도록 해준다. 예거는 사업을 키우는 데 사용하는 그러한 보조도구를 '툴(tool)'이라고 불렀다. 툴이 중요하다는 생각도 그가 처음으로 한 것은 아니지만, 그것을 암웨이 사업의 심장부에 처음으로 가져온 사람은 분명 예거이다.

1959년, 암웨이사를 처음 시작할 때부터 설립자들은 IBO들에게 주기적으로 긍정적인 사고를 주입하고 싶어 했다. 특히 힘 있는 대중 연설자였던 리치 디보스는 그 능력을 십분 발휘했고 젊은 시절부터 달변으로 사람들을 감동시켰다. 또한 자신감과 자극을 주는 책의 위력을 잘 알고 있던 밴 앤델은 일찍부터 노먼 빈센트 필(Noman Vincent Peale)의 ≪적극적 사고방식The Power of Positive Thinking≫과 시카고 보험업계의 거물인 W. 클레멘트 스톤(W. Clement Stone)의 이야기인 ≪놓치고 싶지 않은 나의 꿈 나의 인생Think and Grow Rich≫, 그리고 러셀 콘웰(Russell Conwell)이 쓴 ≪황금어장Acres of Diamonds≫ 등을 읽었다. 그는 이들 책을 암웨이 사업가들에게 추천했는데 당시에는 이러한 책이 많지 않았다.

구식 레코드판이나 릴에 감긴 테이프가 카세트테이프로 대체되면서 훌륭한 연설들을 녹음하는 것은 점점 더 용이해졌다. 카세트테이프는 레코드판보다 가격이 훨씬 저렴했고 어느 장소에서나 들을 수 있으며, 무엇보다 녹음 시설이 안 된 곳에서도 힘들이지 않고 연설이나 증언 등을 녹음할 수 있었던 것이다. 이는

IBO들을 위한 완벽한 보조도구였다. 곧바로 성공한 리더들의 개인적인 이야기가 쉽게 녹음되었고 저렴한 가격으로 다른 IBO에게 빠르게 전해졌다.

예거가 이 방법을 도입한 이유는 많은 IBO가 테이프를 통해 끝없이 배우고 자극을 받으며 용기를 얻고 싶어 한다는 것을 깨달았기 때문이다. 특히 예거는 한 달에 한 개의 테이프로는 그 욕구를 충족시키지 못한다는 것을 즉시 알아챘다. 그는 매일 듣되 일주일에 한 개 이상 듣는 것이 좋겠다고 생각했다. 테이프를 계속 들으면 '할 수 있다'는 긍정적인 생각을 지속적으로 유지할 수 있다. 따라서 카세트테이프는 새로운 사업을 구축하기 위한 사치품이 아니라 필수품이라고 할 수 있다.

대규모 미팅을 연다(Mass Meeting)

예거는 대규모 미팅도 매우 중요시했다. 특히 정기 미팅은 1년에 한 번 있는 행사가 되어서는 안 되며 끊임없이 IBO의 생활을 바로잡아 주는 역할을 해야 한다고 생각했다. 활기찬 군중의 열기만큼 고무적인 것은 없으며 또한 자신의 꿈을 다른 사람과 공유하는 것만큼 그 꿈에 힘을 실어주는 것도 없다. 꿈을 추구하고, 꿈을 이룬 사람들은 서로의 힘을 교류하기 때문에 자주 만날

수록 더 좋은 것이다.

암웨이사는 초창기에 미시건의 그랜드래피즈에서 1년에 한 번 컨벤션을 개최했고, IBO그룹들에게 나름대로 미팅을 하도록 권유했다. 정확히 말해 규모와 내용에 상관없이 암웨이 경영 철학의 심장은 미팅이었다.

예거는 암웨이의 미팅 수준을 한 차원 더 높였다. 그는 대중 미팅의 영향력이 크다는 것을 파악하고 그룹의 주말 미팅을 조직한 최초의 IBO였으며, 몇 년 지나지 않아 국내에서 어느 그룹보다 많은 IBO들이 덱스터와 함께 하고 있었다.

무엇보다 예거는 연중행사를 기술적으로 적절히 개최해 자기 그룹의 IBO들이 모일 수 있는 방법을 다양하게 계획했다. 주요 행사 중 하나인 펑션은 매해 가을 샬럿에서 열렸다. 이것은 프리엔터프라이즈(Free Enterprises)라는 대규모 미팅으로 1970년대에 이미 해마다 1만 명이나 그 미팅에 참석했다. 이 행사는 갈수록 규모가 커졌고 1970년대 중반에는 다수의 더블다이아몬드가 자신들의 미팅을 독자적으로 개최했다.

예거의 미팅은 조지아주 애틀랜타의 7만 5,000개 좌석이 있는 조지아돔이 만원을 이룰 정도로 커졌으며, 몇 년 지나지 않아 전국적으로 6개의 지역으로 행사를 분산시켜야만 했다. 미국에는 행사에 참석하길 원하는 10만 명 이상의 인원을 수용할 수 있는 건물이 없었기 때문이다.

또한 몇몇 다이아몬드 리더 역시 한 건물이 수용하기 어려울 정도의 규모로 그룹을 키웠다. 이제는 미국뿐 아니라 전 세계적으로 1만 5,000명의 IBO가 참석하는 연례행사를 해마다 20여회씩 주관하는 그룹도 흔히 볼 수 있다.

이러한 초대형 연례행사 외에도 겨울에는 드림 워크엔드(Dream Weekends), 여름에는 패밀리 리유니언스(Family Reunions), 봄에는 고 다이아몬드 컨퍼런스(Go Diamond Conferences) 등 수백 건의 행사가 있으며 매월 열리는 세미나와 랠리 등 그 수를 헤아리기 어려울 정도이다.

이들 행사를 계획하고 집행하는 데는 엄청난 노력이 들어간다. 특히 이 모든 것을 관장하려면 전문기술을 갖춘 전문가가 필요하다. 따라서 예거는 대규모의 행사를 치러낼 수 있는 스텝과 하부조직을 갖추고 있다. 물론 그렇게 하기 위해 그들은 많은 시간과 돈을 투자했지만 결과적으로 이 모든 행사는 IBO들의 사업을 뒷받침해 주는 힘 있는 도구로 작용하고 있다.

THE DREAM
THAT WILL NOT DIE

10장

사라지지 않는 꿈을 잡아라

　　사람이 살다보면 궂은날도 있게 마련이다. 역경은 모든 성공적인 인생과 결혼, 그리고 성장하는 사업의 공통분모라고 할 수 있다. 암웨이 역시 예외는 아니었다.

　　초창기 시절, 암웨이가 미국이라는 거대한 스크린에 비친 한 점 티끌에 불과했을 때는 아무도 눈여겨보지 않았으며 국가적인 차원에서는 더욱더 그랬다. 이에 따라 IBO들은 암웨이를 오해하거나 비판하는 방관자들을 상대로 끊임없이 사업설명을 해야만 했다.

역사적으로 새롭게 등장하는 것은 어떤 것이든 스스로 증명될 때까지 거부되거나 심지어 비웃음을 사기도 한다. 실제로 1960년대와 1970년대의 IBO들은 새로운 사업에 참가한 어설픈 사람들과 함께 어울려 사는 법을 배워야 했다. 이때 많은 IBO가 그러한 공격은 피할 수 없는 것이며 또한 그리 아픈 상처를 주는 것은 아니라고 생각했다.

그러나 IBO들이 저녁식사 시간에 상식 없는 처남에게 가시 돋친 말을 듣는 것은 그렇다 쳐도, 〈USA투데이USA Today〉나 텔레비전 프로그램에서 사업의 도덕성을 공격당한다면 얘기는 달라진다. 이웃사람이 암웨이를 비난하는 말을 들으면 그저 불쾌할 뿐이지만, 텔레비전 프로그램에서 진행자나 리포터가 비난을 한다면 그것은 대단한 상처가 된다.

1970년대 후반에서 1980년대 초반까지 암웨이가 비약적으로 발전하자 점점 사람들의 눈에 띄게 되었고 더불어 이러한 역경에 더욱 많이 부딪히게 되었다. 그것은 초기에 일시적인 유행이나 일부 지역의 방문판매 사업 정도로 무시 받던 작은 비누회사가 빠른 속도로 성장했음에도 이를 이해하는 사람이 거의 없었기 때문이다.

한 가지 사실만큼은 분명했다. 그것은 사람들이 이해하든 못하든 암웨이는 분명 존재했고 그것도 생활환경에 큰 영향을 미치게 되었다는 점이다. 그러자 정부에서 그리 반갑지 않은 관심을 보이기 시작했다. 기업이 소비자를 상대로 공정하고 정직한 경영을 하도록 감시하는 연방통상위원회(FTC)가 나서서 조사를 시작했던 것이다. 그런데 안타깝게도 이들 역시 다른 대부분의 관청과 마찬가지로 판매 시장에서의 새롭고 혁신적인 접근법을 잘 이해하지 못했다. 탓에 FTC는 암웨이의 마케팅플랜을 대충 한번 살펴본 후 피라미드 판매라는 성급한 결론을 내렸다.

피라미드 판매란 오랜 옛날부터 있어 온 것으로 일종의 경영사기이다. 이러한 피라미드 방식은 처음 몇 년간은 몇 명의 사람이 큰돈을 벌지만, 나중에 그 방법을 따르게 된 많은 사람이 전혀 돈을 벌지 못하고 오히려 돈을 잃는 구조로 되어 있다. 외형적으로 직접판매 사업과 비슷해 언뜻 효과적인 것으로 보이는 이 판매는 위법이다.

피라미드 판매라고 결론을 내리려면 명백한 위법사항이 있어야 하지만 암웨이는 어떤 규정을 들이댈지라도 피라미드 판매가 아니었다. 그런데 불행히도 몇 군데의 진짜 피라미드 판매회사가 강력한 법적 조치에 따라 문을 닫거나 설립자가 기소되어 유죄 판결을 받던 시기에 이 문제가 대두되었다. 더욱이 그린 터너가 쓴 ≪대기업에 도전한다Done to be Great Company≫ 안의 자극적인 글과 경영 스타일이 암웨이와 비슷하게 보이자, 단속반은 암웨이 역시 또 다른 사기극으로 취급하려 했다.

1974년, FTC는 암웨이를 고발했고 그 조치를 다룬 톱뉴스들은 새롭게 시작한 암웨이의 IBO 사이에 큰 파문을 일으켰다. 암웨이가 속임수 게임일 수도 있다는 여론은 사람들의 신뢰를 얻는 것이 가장 중요한 신규 IBO들에게 최악의 악몽이었다. 연방정부가 이 새로운 사업을 정밀 검사하겠다는 발표를 했을 때, 이 게임에서 무승부란 있을 수 없었다. 이 호된 시련으로 회사가 쓰러지든지 아니면 더 강해지든지 둘 중 하나로 결론이 날 터였다.

암웨이는 맞서 싸웠다. 발뺌을 하거나 정부의 조치를 저지하지 않았고 또한 법적인 고소를 피하지도 않았다. 오히려 디보스와 밴 앤델은 암웨이는 아무것도 숨길 것이 없으며 자신들의 경영방식을 충분히 설명할 수 있는 그 기회를 환영한다고 발표했다. 동시에 정부 조사단에게 회사의 모든 기록과 운영방법을 즉각 제출하겠다고 말했다.

"우리는 견실한 사업을 하고 있으며 FTC보다 피라미드 방식을 더 싫어합니다. 이 사건을 사람들에게 암웨이가 무엇인지 보여줄 수 있는 기회로 삼을 것입니다."

그것은 그야말로 기묘한 전략이었다. 그들이 법정에 출두하자 FTC의 고소 내용에 들어 있던 의혹은 모두 증발해 버렸다. 덕분에 그 사건은 정부가 암웨이에게 다른 방법으로는 결코 해줄 수 없었을 선물을 하면서 끝이 났다. 정부가 마케팅플랜의 완벽성을 공식적으로 인정했던 것이다.

몇 달에 걸친 심의를 마친 후 담당판사는 암웨이를 승인하는 판결을 내렸는데, 이는 마치 암웨이 홍보담당자가 작성한 것 같았다.

"암웨이의 마케팅플랜은 피라미드 구조가 아니다. 20년이 채 되지 않은 기간에 암웨이는 견고한 제조 회사와 더불어 효과적으로 새로운 상품을 시장에 내보내는 유통 시스템을 구축했다. 이로써 소비자들은 이 새로운 공급 과정을 통해 이익을 보았고 암웨이 제품에 대해 높은 신뢰를 보내게 되었다."

이로써 암웨이가 정부로부터 받은 첫 도전은 저주가 아닌 축복으로 결론이 났다.

다음 도전은 언론계로부터 다가왔다. 하지만 암웨이가 다시 한 번 언론계의 의혹에 대처하게 되었다는 사실 자체가 암웨이의 빠른 성장 규모와 세력을 입증해 주는 셈이었다. 전국을 주름

잡는 NBC, CBS, ABC 방송국이 시시껄렁한 일에 신경 쓸 리는 없다. 마찬가지로 국민적 사랑을 받는 프로그램의 진행자가 대중에게 알려지지 않은 작은 사업 얘기로 방송시간을 허비할 리도 없다. 그럼에도 암웨이가 이들의 주목을 받았다는 것은 1980년대에 이미 암웨이가 무시할 수 없는 현상이 되고 있었음을 의미한다.

당시 CBS의 텔레비전 프로그램인 〈식스티 미니트Sixty Minute〉(한국의 〈추적 60분〉과 비슷한 프로그램)는 시사성이 강한 뉴스 프로그램으로 몇 년간 가장 높은 시청률을 자랑하며 황금기를 누리고 있었다. 〈식스티 미니트〉를 진행하던 마이크 왈라스(Mike Wallace)는 강경파 리포터로 마치 전투견 같은 태도로 리포트 대상을 인터뷰해 그 사람의 평판을 하룻밤 사이에 추락시켜 버리곤 했다. 언젠가 저널리스트 게리 폴 게이트가 "CBS 방송은 공포의 대상이라는 뜻으로 '마이크 왈라스가 왔다'는 말을 새로 만들었다"고 말했을 정도였다.

1982년, 마이크 왈라스를 비롯한 CBS팀이 미시건에 있는 암웨이 직원들에게 통보를 했다. 내용인즉, 전반적인 조사 리포트를 제작할 계획인데 회사 이야기뿐 아니라 한 사람의 IBO에 대한 이야기에도 초점을 맞출 예정이라는 것이었다. 물론 그 IBO

는 공포의 대상을 뜻하는 '마이크 왈라스가 왔다'는 말을 듣게 될 터였다.

그때 인터뷰를 할 IBO는 덱스터 예거로 결정되었다. 물론 그 팀의 우선적인 목표는 암웨이사 그 자체였다. 밴 앤델과 디보스는 FTC에게 그랬던 것처럼 문을 활짝 열어젖히고 왈라스와 CBS팀이 오랫동안 자세히 살펴보도록 했다.

"우리는 아무것도 감출 것이 없으며 오히려 모든 것이 자랑스럽습니다. 들어와서 카메라를 들이대고 모든 것을 살펴보십시오."

그렇다고 두 사람이 수수방관하고 있었던 것은 아니다. 그들은 〈식스티 미니트〉 인터뷰에 대비하기 위해 전 ABC뉴스의 부사장이며 〈뉴욕신문〉의 자문인 월터 피스터를 채용했다. 그리고 그는 텔레비전 카메라에 익숙지 못한 회사 간부들을 도와 마이크 왈라스나 그 비슷한 조사원들을 대할 때 잘 대처할 수 있도록 해주었다.

우선 디보스와 밴 앤델을 인터뷰한 왈라스는 에이다 본부를 철저히 조사한 후 뜻밖에도 모든 것이 정직하게 잘 이뤄지고 있는 것에 흥미를 보였다. 그는 자신이 듣고 보고 알게 된 것에 감명을 받은 듯했다. 하지만 예거의 집을 방문하고 직접 예거 그룹의 거대한 미팅을 보기 전까지는 프로그램이 완성된 것이 아니었다. 그는 서둘러 카메라를 챙겨들고 그 유명하고 떠들썩한 프리엔터 프라이즈 펑션에 참석했다.

예거는 이미 암웨이사 친구로부터 자신이 왈라스의 우선적인 목표라는 말을 듣고 있었다.

"나는 그 친구에게 인터뷰를 하고 싶지 않다고 말했어요. 그다지 흥미가 없었거든요. 하지만 그들이 선택의 여지가 없고 어떤 식으로든 대응해야 한다고 해서 협조하는 데 동의했어요. 그들이 뉴욕에 있는 마이크 왈라스의 전화번호를 알려줘 그와 이야기를 나눴지요. 왈라스는 암웨이에 대해 중상모략을 하려고 가는 것이 아니라고 했어요. 단지 진실을 알고 싶을 뿐이라고 하더군요. 나는 그를 믿었습니다."

〈식스티 미니트〉가 예거를 목표로 한다는 사실이 확실해지자 회사는 디보스와 밴 앤델을 코치했던 외부 자문인사를 샬럿으로 보내 덱스터와 버디가 준비를 하도록 했다.

"그는 기본적인 것만 점검했어요. 카메라를 응시하라, 눈을 이리저리 돌리지 마라, 마이크 왈라스의 이름을 불러라 등의 얘기를 해주었지요. 또한 카메라가 돌아갈 때 의자에 깊숙이 앉지 말라는 말도 했어요. 텔레비전에서 질문을 회피하는 것처럼 보이기 때문이라는 거죠. 하여튼 이런저런 코치를 받았어요."

왈라스와 그의 팀은 주말에 예거의 프리엔터프라이즈 펑션에 참석해 3일간 수십 시간 분의 비디오를 찍었다. 그는 예거 부부를 인터뷰했고 집을 둘러보았으며 주말 내내 무대 뒤와 IBO들 사이를 비롯해 원형극장 주변을 자유롭게 돌아다녔다. 그때 예거의 전략은 최대한 개방해 아무것도 감추지 않고 모든 것을 드러내 보인다는 것이었다.

"나는 왈라스를 내 인생 안으로 들어오게 했지요. 내 마음을 열어 보였고 형제에게 하듯 솔직하게 대했습니다. 공정한 평가를 받고 싶었거든요."

그런 태도는 매우 현명한 선택이었다. '거칠고 부정적인 리포팅'이라는 프로그램의 평판과 암웨이 IBO들은 통제 불능의 시골뜨기들이라는 〈식스티 미니트〉의 선입관에도 불구하고 넉 달 후에 마침내 그 리포트가 방영되었을 때는 내용에 균형이 잡혀 있었고 공정했다. 왈라스가 커다란 총을 빼들고 암웨이의 지도를 날려버리지 않은 덕분인지 전체적인 반응은 꽤 긍정적이었다.

별로 오래되지 않은 회사가 일반 대중과 이미지 문제로 싸우고 있다면, 혹은 〈식스티 미니트〉의 목표물이라면 수천만 명의 시청자가 주시하는 가운데 살아남는 능력을 보여 대중과의 관계를 호전시키는 것도 좋은 방법이다. 그것은 암웨이가 실제로 경험한 일이었다. 예거는 그 경험을 이렇게 비유하고 있다.

"누군가가 자신의 팔다리를 잘라버리고 몸을 조각내 햄버거용으로 팔아버리겠다고 위협하더니 실제로는 손톱만 부러뜨렸을 뿐이라면 굉장히 기분이 좋을 것이다. 그때는 친구가 '정말 완벽한 손톱이었는데' 라고 말해도 아무렇지도 않을 것이다."

전국에 방영된 〈식스티 미니트〉의 암웨이 관련 내용은 오히려 암웨이가 미국 시장에서 하나의 세력임을 인식하게 하고, 예거 부부를 가장 특출한 리더로 믿도록 하는 데 큰 역할을 했다.

"그날 밤 방송을 보면서 만감이 교차했어요. 내가 무엇을 기대했었는지 알 수도 없었고, 우리가 잘 표현되지 않은 것 같아 약간 아쉽기도 했지요. 하지만 뉴욕의 룸으로 돌아왔을 때 어느 작은 레스토랑에 들렀는데 바텐더가 나를 알아보고 말하더군요. '정말 근사했어요.' 나는 그들이 다른 사람과 인터뷰할 때 나온 비난에 대해 어떻게 생각하는지 물었지요. '아, 난 그런 것은 신경 쓰지 않아요. 상관없어요.' 그 바텐더는 손을 내저을 뿐이었어요. 그가 기억하는 것은 우리가 그곳에 있었고 열심히 일한 덕분에 멋진 삶을 즐기고 있으며 마이크 왈라스와 CBS조차 우리를 엄청난 사업을 하는 대단한 사람으로 대했다는 거였지요. 적어도 그 바텐더에게는 그것이 의미가 있었던 겁니다."

이러한 반응은 전국에 골고루 퍼져 있는 것이 분명했다. 마이크 왈라스조차 조사 과정에서 알게 된 사실을 통해 암웨이를 공공연하게 칭찬했다. 나중에 래리 킹(Larry King, 미 CNN 라이브토크쇼 진행자)과의 인터뷰에서 그는 자신이 암웨이에 대한 선입관을 가지고 조사를 했는데 나중에 오해였음을 알게 되었다고 밝혔다. 킹이 그 조사에 관해 묻자 그는 농담처럼 말했다.

"어쩌면 이 말이 암웨이를 선전하는 것처럼 들릴지도 모릅니다. 우리는 처음부터 협조를 받으리라고는 기대조차 하지 않았지만 그들은 정말로 순수했어요. 우리에게 모든 것을 보여 주었지요. 정말 일류였어요."

ABC 텔레비전 뉴스 분야의 스테인 테드 카퍼도 훗날 왈라스와 인터뷰를 할 때 암웨이에 대해 궁금해 했다. 왈라스는 많은 회사가 CBS 리포터들에게 반감을 갖거나 편협적인 경향이 있다는 것을 설명한 뒤 암웨이가 어떻게 달랐는지 들려주었다.

"암웨이사는 질문에 대해 미리 묻지도 않았고 편집할 때 어떤 특혜도 요구하지 않았습니다. 그들은 서슴없이 다가왔어요. 망설이지 않고 회사 장부를 열었고 자신들의 계획을 우리에게 보여 주었지요. 결과적으로 우린 허심탄회하게 좋은 대화를 나눌 수 있었습니다. 아마도 그들은 '그 프로가 우리가 기대했던 대로는 아니었지만 공정했고 균형이 잡혔으며 정확했어요. 그리고 우리도 꽤 잘했던 것 같아요' 라고 말할 겁니다."

암웨이는 분명 꿈이라는 초석 위에 건설되었고 꿈은 그 꿈을 알지 못하는 사람들의 오해를 불러일으키기 십상이다. 밴 앤델과 디보스의 초창기 시절이나 예거가 사업을 발전시킬 때, 혹은 최근에 사업을 시작한 IBO의 마음속에도 암웨이의 가장 중요한 임무는 남들의 오해와 비판 앞에서도 꿈이 살아있도록 하는 것이다.

〈식스티 미니트〉의 면밀한 조사나 FTC의 도전 등은 이제 막 성장하려는 기업에게 상처를 주거나 탈선하게 할 가능성이 있다. 그러나 어떤 도전에도 암웨이의 꿈은 강하고 견고했다. 그 꿈은 살아남았으며 앞으로 더욱 강해질 것이다. 그것은 결코 사라지지 않을 꿈이기 때문이다.

THE DREAM
THAT WILL NOT DIE

11장

괴로움과 성장

물론 암웨이사도 외부의 도전을 받고 어려움을 겪긴 했지만, 그것은 암웨이 IBO들이 비즈니스를 하면서 개인적으로 부딪힌 가슴 아픈 역경에 비하면 사소한 것에 지나지 않는다. 소송이나 홍보 관련 문제 등으로 회사가 곤란을 겪는 경우에는 회사가 문제를 극복할 수 있는지 시험해 볼 수 있는 기회가 되지만, 그러한 도전은 일반적이고도 일시적인 것으로 개인과는 별개이다.

어느 날 갑자기 한 가족 앞에 견디기 힘든 고통이 닥쳐와 엄청난 아픔을 안겨주는 경우가 있다. 이러한 아픔에 비하면 회사가

암웨이 공동설립자
리치 디보스와 제이 밴 앤델

1940년대 말, 그들의 벤처기업 중 하나였던 비행학교를 시작했을 당시의 디보스와 밴 앤델

암웨이사에는 여러 가지 인센티브 제도가 있는데 그중 하나가 회사가 소유하고 있는 엔터프라이즈V호에 높은 실적을 올린 IBO를 손님으로 초대하는 것이다.

암웨이사가 소유하고 있는 영국 버진아일랜드의 피터아일랜드는 최고 레벨의 IBO들을 위한 휴식처로 이용된다.

암웨이의 본사는 현재 1.6킬로미터 길이에 전체 면적이 1,000만 평방미터가 넘는 부지에 우뚝 서 있다. 전체 직원이 1만 3,000명을 훨씬 넘고 80여개 나라에 있는 360만 명 이상의 IBO를 지원한다.

디보스와 밴 앤델의 가족
아래 왼쪽부터 리치 디보스, 스티브 밴 앤델, 딕 디보스, 제이 밴 앤델
위 왼쪽부터 체리 디보스 밴더 와이드, 데이브 밴 앤델, 더그 디보스, 낸 밴 앤델, 댄 디보스,
바브 밴 앤델-게이비

덱스터와 버디 예거
암웨이에서 가장 성공한 IBO그룹을
이끌고 있으며 인터넷 시스템의
창립자이다.

덱스터 예거의 일가. 모두 7명의 자녀와 그들의 배우자, 그리고 15명의 손자와 손녀를 두고 있다.

1965년 12월, 당시의
덱스터와 버디 예거

인터넷서비스 코퍼레이션은 노스캐롤라이나 샬럿에 있는 이 건물에서 시작되었다.

대규모 미팅(펑션)은 인터넷 시스템의 트레이드마크이다. 애틀랜타 조지아돔(위)에는 7만 5,000명의 IBO들이 참가했으며 노스캐롤라이나의 샬럿(아래)에는 2만 5,000명이 참가했다.

예거 부부는 전 세계적으로 잘 알려진 친구들을 자주 만난다. 1970년대부터 친구로 지내온 전 미국 대통령 로널드 레이건과 덱스터가 담소를 나누고 있다.

작가 찰스 폴 콘은 매스컴에서 암웨이를 알고자 할 때 토크쇼 손님으로 자주 초대된다. 찰스와 예거가 1982년 샬럿 텔레비전 쇼에 출연해 대담을 하고 있다.

겪는 소송이나 홍보 문제는 한낱 사소한 것에 지나지 않는다. 왜 선량한 사람들에게 좋지 않은 일이 일어나는 것일까? 오래 전부터 많은 사람이 궁금해 했던 이 물음에 대해 정확한 해답은 없을 것이다.

어떤 재앙이 닥치면 가장 시급한 것은 생명 자체가 되므로 그 밖에 다른 문제는 중요성을 상실하게 된다. 이때 가장 먼저 사라지는 것이 개인의 꿈이다.

덱스터 예거는 경험을 통해 그 역경이 어떤 것인지 알고 있다. 1986년 가을, 뇌출혈로 쓰러진 덱스터는 몸의 오른쪽 부분이 완전히 마비되어 병원으로 실려 갔다. 당시 사람들은 대부분 생명에는 지장이 없겠지만 걷지는 못할 거라고 예측했다. 그로부터 회복을 향한 힘들고 고통스러운 시간이 시작되었고 결국 덱스터는 기적적으로 몸을 회복했다.

THE DREAM
THAT WILL NOT DIE

12장

꿈

　동물에게는 생각할 수 있는 능력이 있다. 또한 논리와 기억력이 있으며 문제를 해결할 줄도 알고 감정을 경험하기도 한다. 애완동물을 키워 본 사람은 동물이 사랑을 표현하거나 죽은 사람을 그리워하기도 하고 행복 및 슬픔을 표현할 수 있다는 사실을 알고 있을 것이다.

　그러나 동물에게는 꿈이 없다. 꿈을 가질 수 있는 정신적 능력이 부족하기 때문이다. 꿈을 갖는다는 것은 인간 고유의 영역이며 감정이나 생각보다 진화된 능력이다. 또한 꿈을 가질 수 있는 능력은 논리나 느낌을 능가한다.

만약 꿈이 사람에게만 있는 것이라면 분명 사람마다 독특하고 개별적일 것이다. 실제로 꿈은 손의 지문처럼 사람마다 다르다. 물론 두 사람이 꿈을 공유하거나 똑같은 꿈을 갖는 데 동의할 수는 있다. 그러나 모든 사람은 보호막이 쳐진 자기만의 마음 깊은 곳에서 꿈을 꾼다. 그곳은 타인이 들어갈 수도, 소유할 수도 없는 곳이다.

꿈은 자기 자신만의 것이며 자신이 누구이고 무엇을 해야 할지를 표현해 준다. 1940년대에 안네 프랑크가 암스테르담에 있는 혼잡한 다락방에서 숨어 지내며 자유를 꿈꿀 수 있었던 것은 이런 이유에서다. 전 세계의 어떤 나치도 안네의 꿈을 빼앗아가지는 못했다. 다락방에 침입해 안네를 강제수용소에 집어넣고 결국 죽음으로 내몰긴 했지만 안네의 학창시절 일기 속에 적힌 꿈을 빼앗아가지는 못했던 것이다. 그 결과, 60여 년이 흐른 지금 사람들은 ≪안네의 일기 The Diary of a Young Girl Anne Frank≫ 속에 적힌 그녀의 꿈을 읽으며 감동하고 용기를 얻는다.

1955년, 앨라배마주 몽고메리에 사는 중년의 여성 재봉사 로자 파크스(Rosa Parks)가 버스에 타고 있었다. 그녀는 버스기사가 버스에 태워달라고 손을 드는 흑인들을 그냥 지나쳐가는 것을 보게 되었다. 그때 로자는 흑인도 정정당당하게 존경받고 대접받아야 한다는 꿈을 꾸게 되었다. 물론 앨라배마주의 모든 인종차별법과 분노한 버스기사들은 로자를 굴복시킬 수도 있었지만, 로자의 꿈을 훔칠 수는 없었다. 마침내 로자의 꿈은 실현되었고 그것은 현대 시민권리 운동에 불을 지폈다.

세상에 똑같은 사람이 없는 것처럼 꿈 역시 개별적이다. 하지만 꿈을 소중히 가꾸고 지키지 않으면 꿈은 눈송이처럼 사라질 수도 있다. 꿈이 사라지면 사람은 본질적인 어떤 것과 함께 삶의 가장 중요한 부분을 잃고 만다. 시인 랭스턴 휴즈(Langston Hughes)는 이렇게 말했다.

"꿈을 잡아라. 꿈이 사라진다면 인생은 날개가 부러져 날 수 없는 새와 같을 것이다."

사람들의 꿈은 종종 물질적인 것으로 나타난다. 다시 말해 자동차, 집, 보트, 값비싼 보석, 매력적인 휴가처럼 사람들이 보통 성공의 상징이라고 생각하는 것을 꿈꾸는 것이다. 다이아몬드 반지나 모피코트를 갖고 싶다는 말에는 '가격에 구애받지 않고 자유롭게 내가 원하는 것을 살 수 있는 날을 꿈꾼다'는 뜻이 숨어 있다. 그러나 다이아몬드나 모피 자체는 꿈이 될 수 없다.

꿈이란 자유를 말하는 것이고 값비싼 장신구는 단순히 꿈의 상징에 불과하다.

암웨이가 지식인들에게 얼마나 큰 동기를 주었는지를 이해하려면 암웨이의 수입으로 살 수 있는 자유를 이해해야 한다. 사실 모든 사람을 안전지대에서 밀어내 암웨이 비즈니스로 끌어들이겠다는 꿈은 모든 사람에게 '자유'를 선물하고 싶다는 뜻과 같다.

직장인은 대개 가장 가치 있는 꿈의 하나로 직업의 안정을 꼽는다. 하지만 직장이라는 곳에서 과연 안정을 찾을 수 있을까?

마이매미 국제공항에서 전문 항공관제사로 일하던 루이 카릴로는 자신의 직장이 더할 나위 없이 안정되어 있다고 생각했다. 연방정부 직원인 데다 연방항공국에서 주는 상도 많이 받았고, 경험이 별로 없는 관제사들을 교육시킬 만큼 경력도 쌓았기 때문이다.

하지만 1981년, 불법적인 항공노조 파업이 시작되자 순식간에 모든 것이 돌이킬 수 없을 정도로 바뀌고 말았다. 한순간에 4만 6,000달러의 연봉과 자신의 직업이 흔적도 없이 사라졌고 카릴로가 생각했던 안정도 날아가 버렸다. 그는 항공노조의 간부였던 것이다. 그는 우수한 실적을 자랑하는 10년 경력의 베테랑이었지만 그러한 경력과 실적은 하루아침에 아무런 의미가 없어져 버렸다.

카릴로의 꿈은 당연히 독립과 안정, 즉 쫓겨나지 않는 진정한 안정이었다. 하지만 직장에서는 그것을 찾을 수 없었고 방황하던 그는 결국 암웨이 IBO로 일하면서 안정을 찾게 되었다. 솔직히 카릴로 부부는 충격적인 파업 소식과 1981년 말에 실직자가 되기까지는 암웨이 플랜을 보려고 조차 하지 않았다. 그러나 몇 달간 힘든 노동을 하고 쌓여가는 청구서를 보면서 암웨이를 해야겠다는 생각을 했다. 그렇게 힘든 상황에서 선택했기 때문인지 그들은 다른 사람과 달리 처음부터 열심히 비즈니스에 몰두했다.

이처럼 벼랑 끝에 서게 되면 사람의 시각이 달라지곤 한다. 평소에 당연한 것으로 생각했던 것이 하루아침에 소중해지는 경우도 있다. 그들에게 1981년의 고통은 이제 과거가 되었다. 카릴로 부부는 갑작스런 실직으로 엄청난 아픔을 맛보았지만, 그것은 사실 불행이 아니라 행복의 씨앗이었다고 주저 없이 말한다. 암웨이는 두 사람이 거짓되고 현실성 없는 안정을 떠나 영원한 안정으로 갈 수 있도록 인도해 주었다.

하지만 직업의 안정보다 훨씬 더 근본적인 안정은 사랑하는 관계로 이루어진 안정성이다. 갑자기 직장을 잃는 것은 뜻하지 않게 사랑하는 사람을 잃었을 때 받는 타격에 비하면 가혹한 고통은 아니다. 배우자가 불시에 사망할지도 모른다는 두려움은 누구나 느끼는 악몽일 것이다.

헬렌 휴브너는 그러한 악몽을 겪었지만 잘 이겨낼 수 있었다. 헬렌과 그녀의 남편 버트는 캐나다인 IBO로 암웨이 사업에 전업으로 몰두해 큰 비즈니스를 세웠고 네 자녀와 함께 재정적으로 풍요로운 생활을 누렸다. 그러나 그 행복은 1979년 버트가 교통사고로 사망하면서 산산조각이 나고 말았다. 간신히 슬픔을 여민 헬렌은 버트가 암웨이 비즈니스에 투자한 덕분에 사망 후에도 오랫동안 수입이 나온다는 사실을 알았다. 이에 따라 헬렌은 대부분의 미망인이 현실적으로 부딪히는 재정적 안정을 잃지 않고 남편을 잃은 슬픔을 견뎌낼 수 있었다.

이후 두 사람이 함께 이룬 비즈니스는 헬렌의 리더십으로 번창했고 그녀는 더블다이아몬드로서 현재 캐나다에서 많은 존경을 받는 리더가 되었다.

버트와 헬렌이 공유한 꿈은 재정적 안정이었다. 비록 버트는 세상에 없지만 그의 꿈은 사라지지 않았다.

그밖에도 안정에 대한 꿈이 있던 IBO들의 성공사례는 얼마든지 찾아볼 수 있다. 낸시 스토퍼, 캐롤 래리모어, 나딘 도드, 크리스 코스타, 밀리 모랄레스, 그리고 많은 남성 다이아몬드가 배우자나 비즈니스 파트너를 잃은 경험이 있지만 그들은 암웨이와 함께 안정된 삶을 누리고 있다.

THE DREAM
THAT WILL NOT DIE

13장

힐더브랜드에서 온 남자

 빌 칠더스는 몸집이 크진 않지만 체격이 다부진 사람으로 전체적으로 꽉 찬 듯한, 함부로 대할 수 없는 사람이라는 인상을 주었다. 또한 어떤 상황에서든 살아나갈 수 있을 것 같은 지혜와 굳세고 강인함을 내뿜는 근육질 몸매는 이렇게 말하는 듯했다.

 "날 아무렇게나 대하지 마시오. 몸집은 작지만 난 완벽한 사람이오. 만약 날 함부로 대한다면 가만두지 않겠소."

 칠더스는 암웨이 세계에서 성공한 리더 중 한 사람으로 예거와

15년 가까이 함께 비즈니스를 함께 했고, 지금은 자신의 그룹과 많은 독립된 대규모 그룹을 이끌고 있다.

"덱스터와 리치 디보스, 제이 밴 앤델, 그리고 이 사업을 이끌어온 모든 사람을 진심으로 존경합니다. 하지만 내 그룹이 고유한 독자성을 갖고 발전할 때가 왔습니다. 이를 촉진하고 리더가 되는 것이 내 책임입니다."

칠더스를 아는 사람은 누구나 그가 그 일을 해낼 수 있을 거라고 생각했다. 덱스터 예거는 이렇게 말했다.

"빌 브리트나 빌 칠더스처럼 리더십에 천부적 재능이 있는 사람은 반드시 성공합니다. 가장 현명한 것은 남에게 양보하고 리드하도록 맡겨두는 것입니다."

칠더스는 힐더브랜드라는 작은 도시에서 태어난 노스캐롤라이나 토박이이다. 칠더스의 아버지는 자기사업을 세우려고 부단히 노력했지만 결국 자신의 우유부단함과 동업자의 배신으로 목표를 이루지 못했다.

"아버지는 남 밑에서 일하는 것에 결코 만족하지 못했죠. 직물공장에서 하루 종일 일하신 후 밤에는 당신 소유의 공장을 지으셨습니다. 성공하려면 자기사업을 하는 것이 유일한 방법이라는 걸 아셨던 거죠."

빌의 아버지는 직물회사를 설립하겠다는 꿈을 안고 있었다. 빌은 어린시절을 회상하며 아버지가 직물공장을 세우기 위해 애쓰시던 모습을 떠올렸지만, 아버지는 계속 고전을 면치 못했고 삶에 대한 스트레스로 술에 의존하게 되었다. 그는 압박감이 커질수록 술을 더욱 많이 마셨으며, 설상가상으로 더 큰 문제가 발생하고 말았다. 교통사고로 심장마비가 일어나면서 사업의 최고책임자 역할을 제대로 할 수 없게 되었던 것이다. 아버지가 쓰러져 병마와 싸우고 있을 때 동업자들이 아버지 곁을 떠나갔다.

"동업자들은 아버지의 상황이 좋지 않자 아버지의 사업을 빼앗아 버렸습니다. 아버지는 아주 헐값에 공장을 팔아야만 했죠. 아버지는 건강과 사업을 모두 잃었고 우리는 아무것도 할 수 없었습니다."

칠더스의 인생에서 대학과 군대는 특히 중요한 영향을 미쳤다. 그는 뛰어난 풋볼선수로 체격이 좋았고 단순한 재능이 아니라 그 이상의 능력을 발휘하는 선수였다. 덕분에 그는 미국에서 8강 안에 드는 최고의 풋볼 강팀 중 하나인 네브래스카 대학에서 풋볼선수로 활동했다. 하지만 대학교 3학년 때 아버지가 위독하다는 연락을 받고 그는 고향으로 돌아왔다.

아버지가 돌아가시자 빌은 대학으로 돌아가지 않았고 결혼과 동시에 입대했다. 그는 조지아주 포트고든 근처에 있는 방 두 개짜리의 좁은 아파트에서 살며 군대에서 더위와 싸우며 기본 훈련을 받았다.

1964년의 일등병 시절에 빌 칠더스의 군대생활은 그리 행복하지 않았다. 월급은 한 달에 고작 195달러밖에 안 되었고 고향에서 멀리 떨어져 있었던 데다 아내가 임신 중이었다. 더욱이 전쟁은 한층 가열되고 사망자가 늘어나자 베트남으로 출전하라는 긴급명령까지 떨어졌다. 하지만 베트남으로 떠나기 닷새 전, 빌의 아내가 아이를 출산할 때가 되었다는 것을 알게 된 군의 배려로 빌에게 내려진 명령은 취소되었다.

빌은 예비사단으로 발령받았고 그 다음주에 몸무게 4.5킬로그램의 건강한 빌리가 태어났다. 미국 정부는 아이를 둔 아버지들은 전쟁터에 보내려 하지 않았기 때문에 빌은 아들 덕분에 명예롭게 제대할 수 있었다.

노스캐롤라이나로 돌아온 뒤 빌은 일자리를 얻기 위해 대기업에 응모했다. 그게 안정적으로 잘 살 수 있는 지름길처럼 보였기 때문이다. 결국 빌은 내셔널캐시레지스터(NCR)라는 회사에 다니게 되었는데, 그 경험을 통해 대기업의 성공스토리가 대부분 신기루에 불과하다는 것을 깨닫게 되었다.

NCR을 그만둔 후 그는 직장을 여러 번 옮겼고 그때마다 능력을 발휘해 월급을 많이 받았으며 경력도 쌓을 수 있었다. 하지만 아무리 열심히 일해도 자신의 삶은 목표에서 점점 멀어지는 것 같았다. 그는 자신보다 출세한 사람들을 눈여겨보기 시작했다. 그런데 자신이 선망하던 사람들의 직업이 빌의 직업보다 나을 게 없었다. 그들은 빌과 비교할 때 독립적인 것도 아니었고 빌의 생활방식에서 더 나을 것도 없었다.

"열심히 일할수록 더욱 고통스러웠습니다. 아무 데도 나가고 싶지 않았죠. 제 결단력이 잠식당하고 있다는 걸 알았기 때문입니다."

다행히 현명했던 칠더스는 희망이 없는 삶 때문에 자신이 힘들어한다는 것을 알고 있었다. 그는 평범해지는 것이 싫었지만 평범함이라는 범주에서 벗어날 가망성이 보이지 않았던 것이다.

"터널의 끝에 있는 빛을 볼 수 없었습니다. 샐러리맨은 내가 원하는 일이 아니라는 것을 알았기 때문에 여러 가지 프랜차이즈 사업을 조사해 보았지만 나에게 맞는 사업을 발견할 수 없었습니다. 실제로 잠재력이 있는 사업에 뛰어들려면 먼저 투자를 해야 하는데 나에게는 그럴 만한 능력이 없었죠."

그는 점점 폐인의 길로 접어들고 있었다. 음주운전을 하다가 체포되어 구치소에도 여러 번 드나들었다.

"인정하긴 싫지만 딸 베스가 태어나던 날 밤에 아내가 날 깨우기에 병원으로 아내를 데리고 갔습니다. 그때 저는 만취 상태라 무슨 일이 일어나고 있는지도 몰랐어요. 나는 밑바닥으로 가라앉고 있었습니다."

이때 빌의 인생을 바꿀 만한 중요한 일이 일어났다. 그가 종교를 바꿨던 것이다.

"저는 종교를 통해 제자리를 찾았고 전처럼 좋은 일들도 생겼습니다."

빌의 인생이 달라진 지 약 1년 후 어떤 사람이 암웨이 플랜을 들어보라고 권했다. 빌은 회의적이었다. 그토록 좋은 사업이라면 왜 그렇게 오랫동안 내 관심을 끌지 못했던 것일까? 하지만 워낙 간곡한 설득에 마지못해 6개월간 일주일에 하룻밤만 비즈니스를 하겠다고 약속했다. 6개월 후에 상황을 재평가해서 계속할지 그만둘지를 결정하기로 한 것이다.

IBO로 등록하기 전에 빌과 그의 아내는 처음으로 암웨이의 펑션에 참석했다. 그것은 샬럿에서 개최된 예거의 프리엔터프라이즈 펑션이었다. 빌이 그 자리에 참석하게 된 유일한 이유는 초청연사 중에 당시 스포츠 영웅이던 장대높이뛰기 분야 올림픽

금메달리스트 밥 리처드가 참석하기 때문이었다.

"얼마 지나지 않아 나는 마지못해 참석했다는 것과 밥 리처드까지도 깡그리 잊었습니다. 그러나 내 마음을 움직인 것은 그 비즈니스에서 성공하게 된 과정을 설명하는 다른 모든 초청연사와 군중, 그리고 전체적인 분위기였습니다. 특히 빌 브리트가 기억에 남습니다. 직장에서 은퇴한 이야기, 전투화를 신은 채 이동주택에서 일어나 알람시계 위로 뛰어내렸는데 시계가 산산조각이 났다는 얘기가 마음에 와 닿았죠. 그것은 다른 사람의 스케줄과 명령에서 벗어나 자유를 찾게 되었음을 의미합니다. 그의 이야기를 듣고 내 마음이 바뀌었지요. 미팅을 끝내고 돌아올 때 나는 이 비즈니스를 하기로 결심했습니다."

그때가 토요일 밤이었는데, 그는 그 다음주 월요일에 IBO로 등록했다. 이후에 그의 일은 일사천리로 진행되었고 120일 만에 매달 1,000달러의 수입을 올리는 실버프로듀서가 되었다.

"만약 예거가 할 수 있고 브리트가 할 수 있다면 나도 할 수 있다는 걸 깨달았습니다. 나는 자유롭고 싶었고 자유로워지기 위해 기꺼이 그 대가를 치렀습니다. 내가 찾던 것은 올바른 방법이었는데, 암웨이가 바로 그 방법이었습니다."

5년 후, 칠더스는 회사를 그만두고 본격적으로 암웨이 리더가 될 수 있었다. 그때까지 월급의 부족분은 암웨이에서 나오는 수입으로 보충했고 그로부터 몇 년 후 빌은 매우 성공적인 비즈니스맨 중 한 사람이 되었다. 빌의 그룹에는 이제 10만 명이 넘는 IBO가 있으며 그의 비즈니스는 무척 광대하고 깊어 암웨이사의 소득 대부분이 빌의 그룹에서 발생하는 것 같은 느낌이 들 정도이다.

과연 빌에게 어떤 특별한 재능이 있었던 것일까? 빌은 이 질문에 신중하게 대답했다.

"나에게 재능이 있다면 그건 솔직하게 말할 줄 안다는 겁니다. 다른 것은 없습니다. 지금까지 살아오면서 어리석고 무지한 실수를 많이 저질렀음에도 내가 이 일을 해냈다면 당연히 다른 사람도 할 수 있습니다."

THE DREAM
THAT WILL NOT DIE

14장

세계 경제의 동향

　　오늘날 사회 및 경제 동향에 대한 연구는 하나의 체계적인 학문으로 자리 잡았다. 전 세계의 두뇌집단과 연구소에 근무하는 수많은 전문가가 우리 사회를 분석하는 데 몰두하고 있는 것이다. 이들은 사회의 현주소와 마이크로트랜드, 메가트랜드, 그리고 경기 흐름과 미래 동향 등을 분석하고 있다.

　　하지만 전문가가 아닌 아마추어도 몇 가지는 분명하게 알 수 있다. 예를 들면 컴퓨터가 얼마나 발전했고 부동산 가격이 어떤 흐름을 타고 있는지, 혹은 인구 증가세가 어느 지역에서 두드러지고 있는지 정도는 알고 있다.

그중에는 암웨이의 미래에 직접적으로 영향을 미치는 몇 가지 분명한 경제적 동향도 있다. 암웨이에 대한 태도와 상관없이 신중한 사람이라면 다음과 같은 분명한 지표가 10년 후 수백만 명의 신규 IBO들에게 더욱 매력적으로 비춰질 거라는 점을 간과할 수 없을 것이다.

1. 베이비붐 세대가 은퇴하면 도움이 필요하다.
2. 경제는 더욱 세계화가 진행된다.
3. 기업은 직원을 감원함으로써 비용을 줄인다.
4. 기회는 네트워크마케팅에 있다.

베이비붐 세대가 은퇴하면 도움이 필요하다

현재 우리 주변에는 베이비붐 세대가 은퇴할 시기가 되었음을 떠올리게 해주는 뉴스 보도가 쇄도하고 있다. 베이비붐 세대의 첫 번째 주자들은 1946년생으로 이들은 역사상 유례없는 가장 큰 인구집단이다. 사실 이들은 현재 고민이 많다. 그 이유는 무엇일까? 그것은 편안한 마음으로 은퇴를 하려면 추가수입이 필요하지만 돈을 벌 시간이 부족하기 때문이다.

이러한 상황은 중년에 접어든 사람을 새로운 비즈니스에 소개하려는 사람의 헛된 환상이 아니다. 어디까지나 미래학자들이 분석을 통해 내놓은 분명한 현실이다. 〈보스턴글로브The Boston Globe〉는 베이비붐 세대에 대해 '신용카드 빚은 많고 저축은 부족하다'고 지적한 바 있으며, 또한 이들은 생활수준 하락으로 고통 받고 있으며 현재보다 나은 생활을 기대하고 있다고 했다.

"기본적인 저축이나 물려받은 재산 없이 은퇴할 시기가 된 베이비붐 세대는 어려움에 직면할 것이다. 하지만 이들은 추가수입을 얻기 위한 방법을 찾아내 세대의 위기에 대처할 것으로 보인다. 왜냐하면 이 세대는 가장 건강하고 열심히 일하는 세대이기 때문이다."

이러한 동향은 분명히 대두되었고 미국 정부도 이에 대처하기 위해 특별회의를 기획했다. 이러한 흐름에 맞춰 〈로스앤젤레스타임스Los Angeles Times〉는 7,600만 명이 이 세대에 속한다는 사실을 강조하며 "두려움과 흥분에 휩싸인 베이비붐 세대들이 은퇴에 대비할 수 있도록 정부가 여러 가지 방법을 연구해야 한다"고 언급했다.

미 보건후생부의 한 관료는 이 세대에 대해 "불안감으로 가득

차 있다. 왜냐하면 재정적으로 편안한 은퇴생활을 영위할 만큼 돈을 많이 저축하지 못했고 해결할 방법도 찾지 못했기 때문이다"라고 말했다.

헝가리에서 홍콩에 이르기까지 전 세계에 영향을 미치는 이들 세대는 은퇴 시기가 임박해짐에 따라 암웨이 같은 사업 쪽으로 눈을 돌리고 있다. 그러면 그 이유를 생각해 보자.

우선 수백만 명이 미래를 위해 돈을 필요로 한다. 이들은 열심히 일하는 데 익숙하고 대부분 인생의 중요한 시기를 지나왔다. 그렇지만 저축한 돈이 많지 않기 때문에 투자를 거의 하지 않고 미래에 대비할 수 있는 길을 찾아야 한다.

| **예측** | 사실 베이비붐 세대 중 많은 사람이 최근 몇 년간 암웨이에 관해 들었지만 암웨이를 좋게 받아들이지 않았다. 그것은 보수적 성향이 강한 이들이 오해와 편견을 쉽게 떨쳐내지 못했기 때문이다. 하지만 이제 이 세대는 암웨이를 다시 생각하고 좀더 긍정적인 시각으로 바라보게 될 것이다.

경제는 더욱 세계화가 진행된다

발달한 교통과 통신 기술, 그리고 무엇보다 전 세계 기업의 동향이 세계적인 사업으로 뻗어나가면서 경제는 갈수록 세계화

되고 있다. 심지어 지방에 있는 작은 마을 사람들도 인터넷을 통해 전 세계의 동향을 단박에 알아낼 수 있는 세상이다.

특히 무역협정으로 국제무역이 보다 쉽게 이루어지고 그만큼 수익성도 높아졌다. 이에 따라 자국 내에서만 이윤을 내는 것이 힘들어지면서 갈수록 세계적인 측면에서 생각하는 회사가 늘고 있다. 더욱이 세계화 물결이 퍼져나가는 속도는 기하급수적으로 가속화하고 있다.

이러한 현실에서 간과되고 있는 것은 코카콜라나 델타항공 같은 글로벌기업은 변화의 바람을 타고 돈을 벌고 있지만 학교 교사, 공장 노동자, 가정주부 등 개개인이 그 변화를 이용해 돈을 벌 기회는 거의 없다는 사실이다. 그렇다면 세계 경제의 잠재적인 소득과 보통사람을 연결지을 수 있는 방법을 찾는 회사가 성공할 수 있지 않을까? 당연하다. 그리고 그 선두에 서 있는 회사가 바로 암웨이다. 어쩌면 이 간단한 특징만으로도 암웨이가 앞으로 10년이나 15년 후에 국제적인 대기업으로 부상할 수 있는 이유가 될지도 모른다. 더불어 보통사람도 암웨이를 이용해 경제 동향이 세계화함으로써 제공되는 성공의 문을 두드릴 수 있다.

| **예측** | 암웨이의 독특한 시스템 덕분에 80개 나라 이상의 수많은 보통사람

이 세계 시장에서 소득을 창출할 기회를 얻을 수 있다. 이러한 시스템으로 암웨이는 그들을 위한 주요 이윤센터가 될 것이며, 직접판매와 네트워크마케팅 경쟁업체 중에서도 특히 암웨이가 중심에 우뚝 설 것이다.

기업은 직원을 감원함으로써 비용을 줄인다

모든 고용주가 동의하듯 순이익을 늘리는 가장 빠른 방법은 인원을 감축하는 것이다. 인원을 줄여 고정비용을 낮추면 기업의 수익률이 좋아진다는 것은 누구나 알고 있다. 탓에 세계 경제의 모든 분야에서 이러한 관행이 빠른 속도로 확산되고 있다.

전통적으로 감원의 칼날에서 제외되었던 직업에서도 감원의 바람이 불면서 안정적인 직장이 점점 사라지고 있다. 대표적으로 안정적인 직장이라는 의미로 철밥통으로 알려진 공무원마저 감원의 두려움을 느끼고 있다. 이로 인해 '누구도 보호받지 못한다'는 의식이 점차 확산되고 있다.

특히 컴퓨터나 로봇이 작업을 할 수 있는 일에서는 그 결과가 어떻게 될지 뻔하다. 그렇다면 전 세계적으로 감원의 위협을 느끼는 수천만 명을 위한 해결책은 무엇일까? 그것은 바로 자기사업이다. 실제로 자기사업에 뛰어드는 사람이 갈수록 늘어나고 있다. 이때 고려해야 할 것은 색다르고 드문 모험사업이 점점 일반화할 것이라는 점이다. 〈USA투데이〉는 직장을 그만둔 사람들에 대해 "신념에 중대한 변화가 발생했다"라고 묘사하고 있다. 한때 자기사업을 시작하는 것은 위험하다고 생각했던 사람들조차 이제는 대기업에서 일하는 것이 훨씬 더 위험하다고 믿고 있다는 얘기다.

| 예측 | 고용주는 순이익만 보호할 뿐 근로자를 돌보지 않는다. 이런 추세는 갈수록 증가할 것이고 그러면 5년 전만 해도 좋은 직장에서 보장된 지위와 안정을 누리던 사람들이 암웨이 같은 비즈니스를 향해 몰려올 것이다.

기회는 네트워크마케팅에 있다

세계 시장에 나타나고 있는 뚜렷한 경향 중 하나는 네트워크마케팅 비즈니스가 뜨겁게 달궈지고 있다는 것이다. 그것도 아주 뜨겁다. 물론 50여 년에 걸쳐 의심의 세월을 거쳐 오긴 했지만, 이제 경제전문가나 석학들은 네트워크마케팅이야말로 가장 강력한 개념이고 회사의 창업자들이 받는 것처럼 많은 사람에게 엄청난 수익을 안겨주는 시스템이라는 것을 인정하고 있다. 더욱이 네트워크마케팅 비즈니스는 플랜 자체가 대단하며 여기에 더해 좋은 제품과 서비스를 제공하고 있다.

어떤 새로운 경향이 등장할 때, 사람들은 그러한 시류를 타고 도약한다. 지난 수년간 네트워크마케팅 비즈니스에서도 같은 일이 일어났다. 중요한 것은 매일 탄생하는 새로운 형태의 비즈니스가 이렇게 광고를 한다는 점이다.

"차세대 암웨이."

"암웨이와 똑같습니다. 다만, 더 좋을 뿐입니다."

사실 암웨이는 다른 동종회사들이 평가를 받는 시점에 이미 표준이 되어 있었다. 네트워크마케팅 비즈니스에서 암웨이는 기초를 지탱하는 바퀴와 같은 존재인 것이다.

오늘날 암웨이는 1959년에 무일푼으로 시작했을 때와 비교해 상상할 수조차 없을 만큼 엄청나게 발전했다. 지난 50년간 더욱 조정되고 갈고닦으며 개선되어 온 것이다. 그동안 거센 비판도 받았지만 거친 부분은 다듬고 보상을 통해 가치를 올려왔으며 세련된 이미지를 구축해 왔다. 그뿐 아니라 제품과 서비스를 개선하고 기술 발전을 지속해 왔다. 이것은 누가 보아도 자랑스러운 것이며 동시에 더 이상 바닥에서부터 출발해야 하는 비즈니스가 아니라는 것을 의미한다.

이제는 암웨이에 새로운 제품라인이 추가될 때마다 또 다른 '자수성가'의 기회를 만들어갈 수 있다는 것에 대해 누구도 부인하지 않는다.

| **질문** | 야망이 있는 학생이 새로 지은 대학에 가기 위해 하버드에 들어갈 수 있는 기회를 포기할까? 새롭다는 이유만으로 뭔가 얻을 것이 있다고 논쟁을 벌이겠는가? 아마도 아닐 것이다. 똑똑하고 장래성 있는 학생은 바닥에서부터 기어 올라오는 것을 무시하고 수년간 검증된 것은 물론 충분히 배울 수 있는 곳에 가서 배울 확률이 높다.

| **예측** | 네트워크마케팅 개념이 보편적으로 확장됨에 따라 수백 개의 새로운 회사가 생기고, 그들이 스타킹에서부터 회사채 등 모든 것을 처리하려 한다면 그들은 마치 버섯처럼 번져나갔다가 순식간에 사라지고 말 것이다. 그러나 암웨이는 수십 년간 갖춰온 완벽한 시스템으로 그것을 뛰어넘어 성장해갈 것이다.

THE DREAM
THAT WILL NOT DIE

15장

역경 이후의 달콤한 대가

흔히 암웨이 IBO에 대한 이야기를 할 때 승리는 강조하고 역경은 최소화하는 경향이 있다. 하지만 이것은 괜한 오해를 불러일으킬 수 있다. 사실 다이아몬드는 쉽게 되는 과정이 아니며 이 레벨에 오른 사람들은 대부분 도중에 수많은 장애를 극복하고 그 자리에 오른 것이다.

〈 메인 포틀랜드 〉

예를 들어 팀과 쉐리 브라이언의 경우를 생각해 보자. 현재 이들은 뉴잉글랜드 전체에서 가장 규모가 크고 수입이 좋은 IBO 그룹을 리드하고 있다. 하지만 팀 브라이언에게 암웨이는 결코 쉽게 다가온 비즈니스가 아니었다.

미국 북부 출신의 젊은 부부가 암웨이 비즈니스를 접했을 때, 팀은 5학년 학생을 가르치는 교사였고 파트타임으로 건축 및 부동산 임대업에 종사하고 있었다. 브라이언 부부가 플랜을 보러 친구 집을 방문했을 때 그들은 그것에 관심을 갖게 되리라는 기대조차 하지 않았다. 다만 후끈거리는 거실에 잔뜩 모인 사람들 틈에 끼어 피아노 의자에 불편하게 앉아 있었을 뿐이다. 그들은 답답한 공간에서 벗어나고 싶은 마음에 미팅이 끝나자마자 그곳을 떠났다. 이때 팀은 전혀 관심을 보이지 않았지만 쉐리는 달랐다.

"만약 잘된다면 어떻게 될까?"

친구들의 계속된 설득에 이들은 좀더 편안한 상태에서 다시 플랜을 들어보았고 조심스럽게 시작해보기로 했다. 팀은 여전히 흥미를 느끼지 못했지만 IBO로 등록하고 미팅 스케줄도 잡았다.

이들이 처음으로 홈미팅을 열었을 때 쉐리는 22쌍의 부부를 초대했고 팀은 1쌍만 초대했다. 하지만 안타깝게도 그날 미팅에 참석한 사람은 아무도 없었다.

두 사람은 다시 시도를 했다. 이번에는 두 부부가 함께 사람을 선정해 9쌍을 초대했지만 결과는 마찬가지였다. 역시 아무도 오지 않았던 것이다.

이들은 세 번째 미팅을 주선하기로 했다. 또다시 명단을 작성해 프로스펙트 9쌍을 초대했으나 이번에도 참석한 사람은 하나도 없었다.

그러다가 마침내 사업을 눈여겨보고 있는 사람을 찾아냈다. 그는 이층 아파트에 세든 사람으로 쉐리는 그를 찾아가 아래층에 내려와 플랜을 한번 보라고 설득했다. 이후로 모든 일이 앞으로 나아가기 시작했지만 그 속도는 매우 느렸다. 탓에 팀은 이런 저런 이유를 내세워 자신이 암웨이 비즈니스에 적합하지 않다는 결론을 내렸다. 팀은 5학년 학생들을 가르치는 교사였음에도 여러 명의 성인 앞에 선다는 사실을 두려워했고 급기야 거의 무기력한 상태에 이르고 말았다.

플랜을 설명하려고 계획한 미팅을 진행하면서도 그는 너무 두려워 속이 불편했다. 저녁 미팅이 있는 날은 긴장이 되어 점심식사조차 제대로 할 수 없을 정도로 거북함을 느끼기도 했다.

그래도 그는 간신히 버텨나갔고 그를 지탱해 준 것은 바로 꿈이었다. 처음 몇 주일이 지나면서 한동안 팀은 재정적 자유라는 꿈에 완전히 기대고 있었다. 고등학교 시절에 팀은 농구와 풋볼을 했는데 팀의 아버지는 항상 직장에 얽매여 있었기 때문에 팀이 경기하는 것을 한 번도 보지 못했다. 그런 식으로 살고 싶지 않았던 팀은 젊었을 때 교사직에서 은퇴하는 꿈을 꾸었던 것이다. 물론 사람들 앞에서 말을 한다는 것은 무척 괴로운 일이었지만 꿈을 버릴 수 없었기에 팀은 계속 밀어붙였다.

이런 식의 무기력감과 두려움에 부딪혔을 때 나타나는 놀라운 일 중 하나는 어느 순간 스스로 진정되기 시작한다는 것이다. 이것은 팀의 경우에도 마찬가지였다. 어느 순간, 사람들을 설득하고 효과적으로 말하는 천부적 능력이 나타났고 상황도 많이 개선되었다. 마침내 팀은 마음속에 존재하는 괴물을 물리칠 때까지 포기하지 않고 계속 노력했다. 팀은 그때를 이렇게 회상했다.

"미팅을 하려고 하면 정말이지 너무 흥분해서 밤에 잠을 잘 수도 없었어요."

더욱 유리했던 점은 쉐리가 능력 있는 협력자였다는 것이다. 팀이 계속 좌절 속에서 투쟁하고 있는 동안, 심지어 첫 번째 프리엔터프라이즈 펑션에 혼자 참석할 때조차 쉐리는 용기를 잃지 않았다. 그녀는 팀만큼이나 강인한 투사였고 부정적으로 생각하는 친구들을 무시해 버렸다. 반면 남편이 능력을 발휘할 때까지 끈기 있게 기다릴 줄 알았다.

"처음 사업을 시작할 무렵 제가 일하던 직장의 여성들이 비즈니스를 한다는 이유로 아이들을 하루 종일 집에 내버려둔다고 비난했었죠. 몇 년 후, 그들은 계속 일을 했지만 저는 직장을 그만두고 매일 아이들과 같이 지낼 수 있게 되었어요."

팀과 쉐리 브라이언에게 포기란 없었기에 마침내 벽은 허물어졌다. 몇 달 후에도 PV(판매점수치)는 여전히 100포인트 이하였지만 갑자기 그 다음달에 1,700포인트로 껑충 뛰더니 그 다음달에는 4,800포인트가 되었고 이후 계속 8,000포인트 이상을 유지했다. 이는 한국의 경우 21퍼센트에 해당한다.

두 사람은 계속해서 앞만 보고 달렸다.

〈 미주리 스프링필드 〉

켄 스튜어트는 이와 다른 문제에 봉착했다. 그는 자라면서 고생도 많이 했고 일찍이 부동산 사업으로 돈을 많이 벌었다가 모두 날려버린 중서부 사람이다. 암웨이 비즈니스를 시작할 무렵 그의 빚은 엄청났고 자신은 이제 완전한 실패자라고 생각했다.

미주리의 스프링필드에서 성장한 스튜어트는 늘 열심히 일했다. 고등학교에 다니기 싫었던 그는 "나는 항상 좋지 않은 시간에 좋지 못한 장소에 있었던 것 같다"라고 회상하듯 사소한 위반 행위를 여러 번 해서 결국 퇴학을 당하고 말았다. 곧바로 입대한 그는 한국에서 군복무를 마치고 친구들이 고등학교를 졸업할 무렵에 이미 사회인이 되어 있었다.

건축회사에서 일하게 된 켄은 몇 년 후에 작은 건설회사를 운영하기 시작했다. 그러다가 스물일곱 살이 되었을 때는 1년에 거의 50가구를 건축했고 이를 유지하기 위해 남에게 돈을 빌리기도 했다. 사업을 지나치게 확장하느라 차입자본으로 사업을 하게 되었던 것이다. 그런데 바로 그 시점에 경기침체가 찾아왔고 이자는 하늘 높은 줄 모르고 치솟았다. 급기야 켄은 그날그날의 수입으로 먹고사는 처지로 전락하고 말았다.

"매우 절망적이었죠. 아침에 일어나기가 죽기보다 싫었어요."

마크 트웨인(Mark Twain)은 "죽음이 임박했다고 예상하면 놀랍게도 마음이 집중된다"라고 말했다. 켄 스튜어트의 경우에도 마찬가지였다. 그의 젊은 아내는 당시의 상황을 이렇게 들려주었다.

"우리의 빚은 30만 달러나 되었어요. 켄은 그야말로 낙담할 수밖에 없었죠. 어느 날 밤 침실로 들어서는데 그이가 침대에 앉아 울고 있더군요. 전 두려웠어요. 그이를 위해 무엇을 해야 할지 몰랐거든요. 뭔가 변화가 있어야 한다는 걸 깨달았죠."

이런 상황에서 켄 스튜어트는 암웨이를 소개받았다. 그는 물에 빠진 사람이 지푸라기라도 잡는 듯한 심정으로 암웨이에 의지했다. 오래된 빚더미로 인한 스트레스로 지쳐 있었고 더 이상 다른 방법도 없었던 터라 그는 죽어라고 일했고 결국 24개월 후에 다이아몬드가 되었다. 물론 처음 2년간은 빚에 짓눌려 여전히 숨 쉬는 것조차 고통스러웠다. 켄은 채권자들에게 돈을 갚을 테니 좀더 기다려달라고 애원했고 저녁마다 자신에게 용기와 자신감을 불어 넣으며 사업설명을 했다.

현재 스튜어트는 크라운다이렉트가 되었으며 한때 엄청난 빚으로 괴로워하던 나날은 이제 먼 과거가 되었다. 호화로운 고급주택에 살고 있는 그는 자신의 그룹 멤버들을 초대해 자신이 이룬 성공의 결실과 성공하기까지 극복해야만 했던 온갖 경험담을 그들과 함께 나누고 있다.

〈 펜실베이니아 맥커넬스버그 〉

비슷한 시기에 지역적으로 멀리 떨어진 곳에 살고 있던 린다 하티스 역시 절망적이었다. 그러나 그녀는 돈 때문이 아니라 결혼과 관련된 문제로 고민하고 있었다. 린다와 그녀의 남편 프레드는 모두 농장을 운영하는 부모 밑에서 많은 형제와 함께 자랐기 때문에 열심히 일한다는 것이 무엇인지 잘 알고 있었다.

결혼한 이후 프레드는 교사로, 린다는 회사에서 비서로 일하며 검소하게 생활을 꾸려갔다. 그러던 어느 순간 린다는 심한 스트레스로 고통을 받게 되었다.

"프레드가 나를 어떻게 생각하고 있을까라는 생각을 하게 되었을 무렵에는 이미 결혼생활이 한계에 와 있었어요. 프레드와 내가 암웨이 비즈니스를 만났을 때 가장 인상 깊었던 것은 서로 염려해 주는 여러 부부를 보게 된 것이었지요. 저는 그것밖에 눈에 들어오지 않았어요. 암웨이에 매력을 느낀 것도 바로 그런 이유 때문이었죠. 암웨이에서 아무것도 얻지 못한다 해도 부부관계가 더 좋아진다면 우리가 사업을 시작할 가치는 충분히 있다고 생각했어요."

이렇게 해서 그들은 비즈니스를 시작했고 처음 몇 달은 매우 고전했다. 두 사람은 가정과 직장, 그리고 암웨이 비즈니스 사이에서 균형을 맞추는 법을 배워야 했기 때문이다. 시간이 좀더 흐르고 이들이 부부 공동의 꿈에 초점을 맞추기 시작하면서 결혼생활은 좀더 나아졌고 일도 순조롭게 진행되기 시작했다. 나아가 암웨이 비즈니스가 자신들의 적성에 잘 맞는다는 것도 알게 되었다.

4년 후 평생의 비즈니스를 위한 기초를 쌓은 다음 두 사람은 직장을 그만두었고 본격적으로 비즈니스에 뛰어든 결과 더블다이아몬드가 되었다.

현재 프레드와 린다가 누리는 라이프스타일은 뭐든 상상을 초월한다. 그들이 타고 다니는 람보르기니디아블로 스포츠카는 잘사는 사람들이 흔히 소유하는 사치스런 물건 중 일부일 뿐이다. 프레드에게는 특이한 취미가 있는데 그것은 큰 사냥대회에 참가해 전 세계를 돌아다니며 여러 색다른 지역에서 사냥을 즐기는 것이다. 벽에 걸린 트로피들은 5대륙에 걸친 호화로운 사냥꾼의 경력을 잘 보여주고 있다. 그들은 원만한 부부관계를 위해 사업을 시작해 행복과 재정적 자유를 한꺼번에 거머쥐었다.

THE DREAM
THAT WILL NOT DIE

16장

아이들의 눈에 비친 암웨이의 세계

성공한 암웨이 IBO가 무대로 걸어 나와 마이크를 잡고 이야기를 시작할 때 사람들이 곧잘 잊는 존재가 바로 아이들이다. 부모가 하는 이야기가 아무리 흥미롭고 라이프스타일이 엄청나게 매력적일지라도, 암웨이 사업에 깊이 참여한 가족의 일원으로서 아이들의 눈에는 모든 것이 다르게 비춰질 수도 있다.

물론 부모의 입장에서 암웨이 사업으로 생기는 수입 덕분에 얼마나 행복하고 또한 좋은 것을 해줄 수 있는가를 아이들에게 자주 말하는 것은 당연하다. 그렇지만 아이들이 직접 마이크를 잡는다면 과연 어떤 말을 할까? 암웨이 사업에 종사하는 부모들은 아이들도 암웨이를 좋아한다고 말하지만 아이들의 실제 마음은 그것과 다를 수도 있다.

작가 루돌프 플레치의 오래된 충고를 기억하라.

"아이들이 시금치를 좋아한다고 말하는 사람은 믿지 마라."

실제보다 과장될 수도 있으므로 아이들이 이 평범하지 않은 비즈니스를 어떻게 생각하는지 부모가 말하는 것을 그대로 믿을 수는 없다. 진실을 알고자 한다면 아이들에게 직접 물어보는 것이 낫다.

앨리슨 걸리는 열여덟 살로 청소년 잡지의 표지모델로 나섰을 만큼 아름답다. 그녀는 조지아의 젊은 다이아몬드 커플인 존과 로빈 걸리의 장녀로 테네시의 리 칼리지 2학년생인 똑똑한 아가씨이다. 앨리슨의 태도를 보면 그녀가 암웨이 사업에 열심히 종사하는 가정에서 성장한 많은 아이들을 대표한다는 것을 알 수 있다.

"저희 부모님이 암웨이의 IBO라는 사실이 좋아요. 그로 인해 많은 것을 누리고 있죠. 부모님께서는 제가 갓난아기였을 때부터 이 사업을 시작하셨어요. 제가 알고 있는 것은 이게 전부예요.

그리고 현재의 우리보다 더 나은 생활을 하는 것은 상상조차 할 수 없어요."

앨리슨의 어린시절 추억은 암웨이 비즈니스와 밀접하게 관련되어 있다.

"물론 희생이 있었죠. 하지만 함께 희생함으로써 목표에 도달했을 때 강한 승리감을 같이 나눌 수 있는 거죠. 저녁때는 주로 제가 두 남동생을 돌봤어요. 부모님이 그룹을 키우는 데 많은 시간을 보내야 한다는 사실을 아이들이 항상 쉽게 받아들이는 것은 아니지만 긍정적으로 생각하는 쪽이 훨씬 많아요."

한 가지는 확실하다. 암웨이의 IBO 자녀들이 학교에서 성적이 그리 나쁘지 않다는 사실이다. 앨리슨의 경우 고등학교 학업 성적도 뛰어났고 장학생으로 좋은 대학에 입학했다. 일반적으로 대학 1학년 때는 처음으로 집에서 멀리 떠나 생활하기 때문에 많이 힘들어한다. 이에 따라 자제력이 부족한 학생은 1학년 학업성적이 나쁘게 나오기도 한다. 하지만 앨리슨은 그렇지 않았다. 1학년 때 평균 4.0이라는 완벽한 점수를 받았는데, 그 이유를 암웨이 비즈니스에서 배운 일하는 습관이 슬럼프에 빠지지 않게 해주었기 때문이라고 생각한다.

"1학년 때 가장 힘들었던 것은 비즈니스를 하던 우리 집의 흥분된 분위기가 몹시 그리웠다는 겁니다. 리 칼리지에서 생활하는 것도 그리 나쁘지 않지만 부모님의 꿈, 우리 가족의 꿈의 일부가 되는 것이 더 즐거운 것 같아요. 꿈은 제 인생에서 긍정적으로 자리 잡았고 덕분에 힘든 상황에서 벗어날 수 있었어요."

부모가 IBO그룹을 키우는 데 우선순위를 두었다는 사실을 앨리슨은 유감스럽게 생각할까?

"아뇨. 절대 그렇지 않아요. 비즈니스가 자녀들의 인생에 긍정적인 영향을 준다는 걸 부모님께서 아신다면 잠시의 희생에 대해 걱정하지 않으셔도 된다고 생각해요."

이러한 앨리슨 걸리의 태도는 대표적인 사례이다. 실제로 비즈니스를 오래한 암웨이 IBO들의 성장한 자녀들과 애기를 하다 보면 그들이 행복한 사람이라는 것을 알게 된다.

뉴욕 북부지방 출신인 스물세 살의 티파니 킹슬러는 다이아몬드인 짐과 비브 킹슬러가 암웨이 비즈니스 때문에 때로 농구 시합을 보러 오지 못했던 고등학교 시절을 떠올렸다.

"부모님이 하시는 일이 무엇인지 알고 감사했어요. 부모님은 항상 마음속에 커다란 그림을 그려주셨지요. 우리의 미래를 위해 일한다는 것을 알았고 부모님이 자랑스러웠어요."

티파니는 정치학과를 졸업했고 암웨이 사업 덕분에 물질적으로 풍요로운 대학생활을 할 수 있었다고 생각했다.

"부모님이 비즈니스에서 보셨던 꿈 중 일부는 저와 관련된 것이었어요. 그 꿈대로 저는 영국 옥스퍼드에서 돈 걱정 없이 공부할 수 있었죠. 어린아이였을 때는 뭔가 잃어버릴 때마다 그 이상의 보상을 받곤 했어요. 저는 부모님의 비즈니스가 성공하길 바랐어요. 아빠가 플랜을 설명하러 나갈 때마다 격려를 해드리곤 했죠. 아빠가 우리를 위해 일하신다는 걸 알고 있었기 때문이에요."

조시 호퍼의 아버지 딕은 오클라호마에서 다이아몬드가 되었고 조시는 고등학교 시절에 비슷한 추억을 갖고 있다.

"아빠는 암웨이를 시작하시기 전에 음료수를 배달하는 트럭 기사로 일하셨어요. 정말 열심히 일하셨지만 월급이 아주 적었죠. 그래서 저는 암웨이가 우리 가족에게 해준 것에 진심으로 감사드립니다."

조시는 항상 비행사가 되겠다는 꿈을 품고 있었고, 열일곱 살 때 파일럿 면허를 땄다. 현재 조시는 아버지의 사업을 관리하며 풀타임으로 일하는 동시에 애리조나에서 항공학을 공부하고 있다.

"비행기를 조종하는 것은 트럭기사의 아들이 선택하기 힘든 일이죠. 상당히 많은 비용이 들거든요. 전에는 절대 가질 수 없었던 선택권이 지금의 우리에게는 아주 많아요."

3세대 암웨이 IBO의 자녀이자 플래티늄이고 조부모와 부모가 모두 크라운다이렉트인 스티브 빅터는 조시의 이야기에 동감한다고 했다.

"자라면서 다른 가족이 시간과 경제적 자유가 부족해서 할 수 없는 일을 우리는 할 수 있다는 것을 알았어요. 물론 아빠가 항상 함께 계셨던 것은 아니지만 그건 자랑거리였죠."

어떤 암웨이 IBO의 아이들은 관찰력이 예리해 자신의 인생뿐 아니라 부모님의 인생에도 암웨이가 어떤 영향을 미쳤는지 알고 있다.

크리스틴 르블랑 헨리는 다이아몬드인 알과 헬렌 르블랑의 딸로 그녀가 열다섯 살 때 부모님이 암웨이를 시작했다.

"그때 부모님은 어려움에서 벗어나는 중이셨고 결국 극복하실 줄 알았어요. 실내장식업을 처분하고 암웨이 비즈니스를 시작하실 때 저는 심상치 않다는 걸 눈치 챘죠. 부모님이 달라졌거든요. 전에는 항상 스트레스를 받고 피곤해하고 까다롭고 전혀 재미가 없었어요. 하지만 암웨이 사업에 몰두하신 후로 전보다 훨씬 편안하고 행복해하셨죠. 전보다 함께 있는 시간도 더 많아졌고 재미있게 지냈어요. 물론 지금도 행복하게 지내고 있죠."

캐롤린 휴즈 컬버트슨은 다이아몬드인 롤랜드와 몰리 휴즈의 딸이다. 롤랜드는 사우스캐롤라이나 대학의 교수로 재직하다가 암웨이 사업을 하게 된 경우이다. 캐롤린은 부모님이 암웨이 사업을 위해 결단을 내렸던 날을 기억했다.

"두 분은 함께 들뜬 표정으로 뛰어들어 오셨어요. 아빠는 우리를 소파에 앉히고 4남매에게 플랜을 보여주셨지요. 저는 장녀였지만 열한 살이었고 완전히 이해할 수 없는 것은 당연했죠. 하지만 그것이 가족 비즈니스이고 한 팀으로 일해야 한다는 것은 이해할 수 있었어요."

롤랜드는 마치 훌륭한 선생님처럼 아이들에게 실물을 보여주며 의견을 말했다고 한다.

"비즈니스에서 가족의 첫 목표는 수영장을 갖는 것이었어요. 아빠는 우리를 밖으로 데리고 나가 수영장을 만들 장소를 보여주셨어요. 아직 구덩이도 파지 않았는데 다이빙보드를 사 오셔서 거실에 놓아두셨지요. 우린 거실에 있는 다이빙보드를 보면서 우리의 꿈을 되새기게 되었죠!"

암웨이 IBO들의 이야기를 하자면 끝이 없다. 그중에서도 가장 중요한 주제는 팀워크, 공동의 꿈, 가족 비즈니스라는 것이다. 이 기본적인 접근방법은 첫 아이가 있는 젊은 커플부터 디보스, 밴 앤델, 예거 가족에 이르기까지 암웨이 세계에 널리 퍼져 있다.

암웨이의 진정한 접근방법 중에서 가장 강력하게 주장할 수 있는 것은 젊은 세대가 부모의 비전에 합류하는 열정이다. 기업가의 시각으로 볼 때 제이 밴 앤델과 리치 디보스는 이미 자신의 아이들이 리더십의 책임을 떠맡을 준비가 되었음을 알 수 있었다. 1993년 리치 디보스가 건강상의 이유로 사장직에서 은퇴하자 그의 아들 딕 디보스는 전설적인 인물의 뒤를 이어 암웨이 경영에 나섰다.

"전 결코 아버지가 되지 못할 겁니다. 아버지를 대신하거나 밀어낼 수도 없을 것입니다. 아버지를 대신할 수 있는 사람은 아무도 없습니다. 그래도 희망적인 것은 저에게 아버지가 이어오신 전통과 철학을 계속해서 지키고 싶은 의지가 있다는 것입니다."

예거 가족에게도 점차 세대 변화가 일어나고 있다. 덱스터와 버디의 세 아들은 광범위한 인터넷서비스 회사를 운영하고 있으며 세 딸과 막내도 동참해 젊은 예거 집안 남녀는 각자 자신이 맡은 역할을 충실히 해내고 있다. 이들이 공동의 목표를 향해 꿈을 나누는 것은 전 세계의 많은 암웨이 아이들과 다를 바 없다. 암웨이는 가족 비즈니스이고 성공과 도전은 부모와 아이들 공동의 것이다. 나아가 이들은 여러 세대가 일을 분담하고 그 보상을 함께 나눈다.

어떤 것을 공유한다는 느낌은 전 치과의사인 프랭크와 조안 마제오의 딸 안드레아 마제오의 경우를 통해 더욱 빛을 발한다. 최근에 안드레아는 자신이 겪은 생생한 추억담을 들려주었다.

"부모님이 새로운 다이아몬드가 되어 무대 위로 걸어 나오시는 걸 보았을 때가 제 인생에서 가장 감동적인 순간이었던 것 같아요."

이 말의 의미는 분명하다. 이는 안드레아가 그것을 부모님이 이룬 것이 아니라 '우리'가 이룬 것으로 생각했다는 뜻이다. 부모와 자식이 승리를 공유하는 것은 이 사업이 주는 가장 중요한 선물일지도 모른다.

THE DREAM THAT WILL NOT DIE

17장

꿈을 가진 이들의 모임

 거대한 체육관은 약간 어두웠다. 하지만 전체적으로 감동적인 분위기가 흘러넘쳤고 여러 개의 조명등이 마치 마술지팡이처럼 청중 위에서 물결치고 있었다. 그곳의 모든 사람은 기대로 가득 차 있었다. 거대한 확성기에서 〈록키Rocky〉의 테마음악이 흘러나오고 턱시도를 입은 사회자가 마이크를 잡자 청중의 웅성거림이 다소 가라앉았다.
 "여러분.... 준비되셨습니까!"
 청중은 흥분하기 시작했다.

"스릴 만점인 오늘 저녁의 주인공은 사업설명의 최고 기량을 가진 헤비급 선수 중 하나이며 비즈니스에 관한 한 최고의 연사이십니다. 신사숙녀 여러분, 오늘은 최고의 날입니다. 챔피언의 밤... 제리와 쉐리 메도우즈 부부가 이 자리에 초대되셨습니다."

작고 아름다운 여성 쉐리는 내슈빌의 청중을 점차 열광시키더니 급기야 체육관을 흥분의 도가니로 들끓게 했다. 그녀의 연설은 자신감에 가득 차 있었고 청중의 질문에 재치 있게 대답하면서 다음과 같이 강조했다.

"프로가 되십시오. 미안하다는 말은 하지 마세요.... 싸우세요.... 성취하도록 노력하세요!"

청중은 30분간 그 총명한 챔피언에게 열광했다. 무대 옆에는 헤비급 챔피언이자 그녀의 사랑스런 남편인 제리 메도우즈가 기다리고 있었다. 생기 넘치는 그의 아내와 달리 그는 천천히 말을 시작했다.

"목표를 성취하기 위해 엄청난 노력을 쏟았지만 결과는 보잘 것없었습니다. 그때 우리는 보다 큰 미래를 위해 무언가 다른 것을 찾아야 한다는 걸 깨달았죠. 그것은 바로 기회였습니다."

제리는 학사학위를 받고 섬유업계 공장의 매니저가 되었다. 당시 쉐리의 가족에게는 공장 매니저 자리가 확실한 성공의 열쇠로 보였다. 하지만 제리가 일주일에 70~80시간을 일하고 월급을 받았는데 계산을 해보니 현장 주임보다 시간당 몇 페니밖에 차이가 나지 않았다. 사무실에는 진짜 금으로 도금한 플라스틱 명패가 있었는데도 말이다.

바로 그때 덱스터 예거가 나타났다.

메도우즈 부부는 친구의 거실에서 처음으로 예거를 만났고 그는 커다란 꿈에 대해 들려주었다. 예거의 빠르고 재치 있는 말에도 불구하고 대학물을 먹은 제리는 모든 것에 방어적으로 생각하는 습관에서 벗어나지 못했다. 꿈은 아이들이나 갖는 것이라고 생각했던 것이다.

하지만 쉐리는 달랐다.

"예거 씨, 비즈니스를 하려면 어떻게 해야 하죠?"

제리는 아내의 쾌활한 목소리를 들으며 소파에 몸을 깊숙이 파묻었다. 제리가 주저하는 것을 알고 예거는 마술지팡이에 대해 설명했다. 그의 신중한 대답을 들은 제리는 훗날 그 설명에 대해 "전환점이 된 얘기"라고 말했다. 예거는 차분하게 확신을 가지고 말했다.

"여러분, 오늘 저녁에 시작하는 것도 좋은 생각이지만 내일 등록하셔도 괜찮습니다."

집으로 돌아오며 키가 1미터 50센티미터인 쉐리는 남편의 반대를 부드럽게 설득해 누그러뜨렸다.

"여보, 이 사업으로 우리의 인생이 달라질 수도 있어요."

하지만 제리는 아내의 대답에 미리 준비를 하고 있었다. 그는 소파에 앉아 있는 동안 생각했던 두 가지 이유를 재빨리 쏟아 냈다.

"첫째, 불법일지도 몰라. 그리고 만약 그가 말하는 대로 될지라도 우리는 성공하지 못해."

쉐리는 즉각 반박했다.

"추측은 추측일 뿐이에요."

제리는 끈질기게 자신들은 하지 못할 거라고 항변했다.

"내가 공장 매니저라는 걸 기억해. 난 하루에 12~14시간이나 일하고 있잖아."

쉐리는 반복해서 말했다.

"제리, 추측은 추측일 뿐이에요."

결국 지쳐버린 제리가 항복하면서 두 사람은 등록을 했다. 그러나 비즈니스를 시작한 지 약 1년 후 이들은 열심히 했음에도 13명의 IBO밖에 후원하지 못했고 매달 358달러 정도를 벌었다. 한번은 사교성이 뛰어나고 친절한 쉐리의 아버지께 플랜을 설명하러 미시건으로 갔다.

　제리와 쉐리는 아버지와 부엌 식탁에 앉아 암웨이 비즈니스에 대해 설명했다. 그런데 본래 인내심 많고 친절했던 아버지가 사업설명을 끝내기도 전에 의자를 뒤로 밀어내고 딸과 당황하는 제리를 보고 크게 비웃는 것이 아닌가. 한마디로 아버지를 방문한 효과는 별로 좋지 않았다. 하지만 이들은 결정을 강요할 필요가 없었다. 왜냐하면 딸과 사위가 캐딜락을 구입한 이후 쉐리의 아버지는 비웃음을 거두고 이 비즈니스에 등록했기 때문이다.

　어쨌든 아직 그 시기는 오지 않았고 노력한 것에 비해 효과는 형편없었다. 친구나 친척들도 두 사람이 정신병자가 아닌지 의심하자 메도우즈 부부는 깊이 실망했다. 그러나 노스캐롤라이나까지 먼 길을 돌아오면서 그들은 주저앉은 것이 아니라 비장한 각오를 했고 동시에 새로운 계획을 세웠다.

　미시건의 아버지 집에서 친척들과 만나기 전 메도우즈 부부의 계획은 '설명하고 기다린다', 즉 사업설명을 하고 프로스펙트가 스스로 나오기를 기다린다는 점잖은 방법이었다. 하지만 부엌에서 웃음거리가 된 이후 그들의 방법은 '설명하고 밀고 나간다'로 바뀌었다.

　제리와 쉐리는 웅대한 꿈을 실현하기 위해 밀어붙일 수 있는 요소들을 찾아냈다. 물론 그들이 아직 성공한 것도 아니었고 여전히 챔피언도 아니었지만 그들이 반드시 된다는 것은 자명한 일이었다. 그들은 자신들이 성공할 거라고 확실히 믿었고 강렬한 눈빛으로 먼 미래를 바라보았다.

이들의 이야기는 청중을 열광의 도가니에 빠뜨렸다. 그렇게 감동으로 심취해 있던 청중에게 제리는 마지막 일격을 쏟아냈다.

흰 울타리가 쳐져 있고 말이 뛰어노는 그들의 드넓은 저택을 생각해 보라. 리무진은 저택 앞에서 그 광채를 뽐내고 있다. 또한 전에는 꿈만 꾸었던 모든 곳으로 여행하는 모습을 상상해 보라. 제리와 쉐리가 메인주의 검은 바위가 솟아 있는 해안에서 부서지는 파도를 바라보는 것을 생각해 보라. 자줏빛을 띤 산의 아름다운 자태 위로 태양이 떠오를 때 그윽한 커피 향을 맡는 것은 또 어떠한가?

청중은 숨을 쉴 수조차 없었다. 이제 턱시도를 입은 아나운서가 다시 나와 제리와 쉐리 메도우즈를 승리자로 선언하는 일만 남았다. 하지만 이미 그럴 필요가 없었다. 그들 부부는 록키처럼 진정한 챔피언이 되었고 그러한 사실은 이미 청중의 가슴에 생생히 살아있었기 때문이다.

⟨ 최고의 커플, 잭과 안나 마가렛 ⟩

두 사람은 버지니아의 윈체스터에서 자랐지만 성장 환경은 많이 달랐다. 안나는 시장의 말괄량이 딸이었고 잭은 술을 과하게 마시는 트럭기사의 아들이었다.

남부의 소도시가 대부분 그렇듯 윈체스터는 부자와 가난한 사람이 확실히 구분되어 있었다. 잭과 그의 가족은 온 가족이 나서서 돈을 벌어야 했지만, 안나는 컨트리클럽에서 친구들과 인생을 즐겼다. 그녀의 부모가 장사가 아주 잘되는 화원을 운영했기 때문이다.

잭도 안나도 주위 환경으로 사람을 평가하는 그런 사람은 아니었다. 잭에게는 야망이 있었고 안나는 친절하고 꾸밈이 없었다. 또한 잭은 풋볼 영웅으로 신중한 계획과 인내만이 가난에서 벗어나는 유일한 길이라고 믿었고, 안나는 귀엽고 말이 빠른 정열적인 아가씨였다.

이들이 교제를 시작했을 때, 매우 실망한 안나의 어머니는 잭에게 한마디도 하지 않았다. 그러다가 좀더 시간이 흘러 연인이 결혼을 발표했을 때, 그녀는 마침내 침묵을 깨고 아주 짤막하고 노골적인 말만 되풀이했다.

"내가 그럴 줄 알았어. 그럴 줄 알았다고!"

떠들썩한 결혼식을 치른 지 11개월 만에 리드 2세가 태어났다. 하지만 잭이 간신히 입에 풀칠할 정도의 돈밖에 벌어오지 못하자 안나는 그제야 엄마의 판단이 옳았을지도 모른다는 생각을 하기 시작했다. 그러자 잭의 꿈과는 반대로 가정생활은 예기치 못한 깊은 수렁으로 빠져들기 시작했다. 어떤 결정이 필요했다. 잭이 내린 해답은 공부를 더 하는 것이었다. 그는 새로 태어난 딸과 가난에 다소 환멸을 느끼는 아내를 생각하며 새로운 꿈과 확신을 갖고 버지니아공대에 들어갔다.

5년 후 대학을 졸업한 잭은 윈체스터에서 약 216킬로미터 떨어진 노스캐롤라이나의 샬럿은행에 취직했다. 새로운 직장은 멋있어 보이긴 했지만 그것은 빈껍데기일 뿐이었다. 그는 생활비를 절약하기 위해 작은 이동주택으로 이사했고 대출을 받아 여러 청구서를 해결했다. 그러나 그런 생활을 견디기 힘들어했던 성급한 아내와 싸움도 잦아졌고 술도 늘어만 갔다.

그 와중에도 가족은 계속 늘어갔다. 토드가 태어났을 때 딸이 초등학교에 입학했다. 어느 날 잭은 곰곰이 생각에 잠겼다. 아무리 생각해도 돈을 더 벌기까지는 달라질 게 전혀 없었기 때문이다. 그가 내린 결론은 안나가 일을 해야 한다는 것이었다. 물론 안나는 조금도 그럴 마음이 없었다.

그 무렵 안나는 친구 린다로부터 묘한 전화를 받았다.

"안나, SA8 써봤니? 정말 좋더라."

안나는 그것이 무엇인지조차 알지 못했다. 린다는 재빨리 SA8이 세탁용 제품이라고 설명해줬다.

"그거 어디서 살 수 있는 거니?"

"내가 파는 게 아냐. 나도 친구 마샤한테 샀거든. 마샤가 네 집으로 가져다줄 수도 있을 거야. 마샤는 말하자면 IBO라고 하더라."

돈이 절박했음에도 일하러 나가는 것이 싫었던 안나에게 IBO라는 말은 그럴듯하게 들렸다. 마샤가 3킬로그램짜리 세제를 가져오자 안나는 마샤의 그룹에서 함께 일할 수 있는지 물었다. 바로 그날 저녁, 마샤의 남편이 안나와 잭에게 비즈니스의 가능성에 대해 설명해 줬고 두 사람은 깜짝 놀랐다.

잭은 아내처럼 흥분하지는 않았다. 그날 마샤의 남편인 빌이 방문하기도 전에 안나가 흥분하는 것을 보고 오히려 주의를 줄 정도였다. 그리고 절대 그런 일을 해서는 안 된다고 못을 박았다. 하지만 안나는 빌이 설명을 끝내기도 전에 비즈니스에 완전히 매료되어 있었다. 안나는 매달 1,000달러를 벌 수 있는 방법을 찾았다고 생각했던 것이다.

사업설명이 끝날 무렵, 잭은 흥분에 들뜬 아내를 말릴 수 없다는 것을 깨달았다. 결국 잭은 빌과 완강하게 논쟁을 벌인 끝에 아내가 일을 하는 데 찬성했다. 잭은 조금도 관심이 없었다. 그는 그저 좀스러운 은행의 재정담당자였을 뿐이다. 그러나 나중에 덱스터 예거를 만난 잭은 자신도 참여하기로 결정했다. 젊은 은행원의 눈에 비친 덱스터는 비즈니스를 아주 잘하는 사람처럼 보였던 것이다. 예거는 잭에게 시간을 내 3개월간 비즈니스를 잘 관찰해 보라고 제안했다.

잭은 예거의 말을 따랐고 정확히 3개월 후 덱스터는 안나와 잭에게 미팅에 참석하라고 했다. 두 사람은 안나가 후원한 다른 커플들과 함께 미팅에 참석했다. 잭은 여러 가지로 머리를 짜내 스스로 마케팅플랜을 분석해 보았다. 그런데 어떤 방법으로 계산을 해보아도 돈을 벌도록 되어 있는 구조가 아닌가. 결국 그의 고집은 꺾이기 시작했고 "아, 이거 되는 사업인데!"라고 외칠 수밖에 없었다. 안나가 남편에게 즐거운 표정으로 "검토해 볼수록 스스로가 더욱 바보스럽다고 생각되지 않아요?"라고 물었을 때, 잭은 풀죽은 모습으로 말했다.

"그래, 난 정말 바보였어."

안나는 빙긋이 웃으며 대답했다.

"오, 여보. 완벽한 사람은 없어요."

다음주 월요일 저녁, 잭은 거실에서 처음으로 그의 프로스펙트를 만났다. 그렇게 8개월이 흐른 후 잭은 비즈니스에서 은행 수입보다 더 많은 소득을 올렸고, 16개월 후에는 수입이 두 배가 되었다. 그리고 이 사업이 안 될 수밖에 없는 이유를 입증하려 시도한 지 2년 후에는 암웨이에서 받는 잭의 소득이 은행 월급보다 세 배나 많았다.

그는 성공하기 위해 위장약과 혼탁한 인간관계가 만연하는 기업 세계에서 떠나기로 마음먹었다. 덕분에 그가 은행을 그만둔 지 2년 후에 태어난 크리스틴은 아빠가 평범한 직장에 다녔다는 사실을 알지 못했다.

사실 잭은 은행을 그만두기 직전 부사장 대리로 진급했다. 그때 동료가 잭에게 경고를 했다.

"잭, 그 비즈니스에 빠지면 자네가 가진 모든 것을 잃고 말 거야."

어떤 면에서 동료의 말은 옳았다. 잭이 대출받은 돈으로 샀던 가난의 찌꺼기를 모두 잃었기 때문이다. 안나와 잭은 항상 최고가 되고자 노력했고 현재 그들은 여러 대의 고급 자동차와 모터홈, 그리고 여러 종류의 보트를 소유하고 있다. 그들은 이제 절대 평범한 사람들이 아니다.

〈 행운의 커플, 스캇과 M.J. 마이클 〉

스캇과 M.J.에게는 다 자란 아름다운 두 자녀가 있고 강가의 저택은 물론 네바다의 호수에도 집이 있다. 그리고 멋진 자동차, 스타플레이어에게나 어울릴 법한 소득, 두 명의 가정부와 도우미에게 둘러싸여 있으며 한 달에 일주일 정도는 모든 것을 잊고 이국적인 해변과 스키리조트에서 즐거운 시간을 보낸다.

두 사람은 정말로 특별하지만 사람을 제대로 알지 못하면 잘못 속단하게 된다. 어떤 면에서 보면 이 모든 것은 성공한 사람이면 누구나 가질 수 있는 것이다. 물론 실패한 사람에게는 어울리지 않는 일이지만 말이다.

쾌활하게 활동 중인 마이클 부부를 보면 그들이 누구나 갖고 있는 '두려움'과 '의심'이라는 두 개의 킬러와 치열하게 싸웠다는 것을 아무도 추측하지 못할 것이다. 하지만 두 사람은 그것과 투쟁을 벌였다.

스캇과 M.J.는 대학에서 만난 연인으로 결혼은 졸업 직후에 하기로 했다. 당시 이미 비즈니스를 시작한 스캇의 매형은 이 커플에게 비즈니스를 공유함으로써 얻게 될 가재도구 구입의 편리함과 별도의 수입을 올릴 수 있는 방법을 알려주고 싶어 했다.

"지금 가진 것보다 더 많은 것을 소유하고 싶지 않나?"

스캇은 매형의 제의에 별다른 흥미를 느끼지 못하다가 매형이 꿈의 한 차원으로 '자유'라는 말을 꺼냈을 때 관심을 보였다. 일에 얽매이지 않을 가능성이 커 보였기 때문이다. 스캇은 훗날 "당시에 게으른 상류층이 되기 위해 기꺼이 일시적인 야망을 가졌다"라고 말했다.

몇 개월이 지난 후 열심히 일한 매형과 스캇의 누나는 새 캐딜락을 타고 새 집으로 이사하는 동시에 직장을 그만두었다. 그리고 목표 성취를 축하하기 위해 기념으로 자메이카에서 오랫동안 휴가를 즐겼다. 그동안 그들을 비웃던 가족은 할 말을 잃었고 졸업이 임박해진 스캇과 M.J.는 이 비즈니스에 높은 관심을 보였다.

그는 매형의 충고대로 등록을 했지만 그다지 열심히 매달리지는 않았다. 6년간 이 비즈니스에서 그들의 전체 그룹은 고작 월 2,000달러의 매출을 올렸을 뿐이었다. 그러던 중 스캇은 회사의 감원정책으로 해고 대상에 올랐고 결국 일자리를 잃고 말았다.

그때 M.J.는 둘째 아이를 임신 중이었다. 그녀가 산부인과 의

사를 만나려고 기다리고 있는데 간호사가 부르더니 의사가 태아 검진을 거부했다고 알려왔다. 스캇의 의료비 청구서가 아직 지불되지 않았기 때문이었다. M.J.는 양해를 구하고 화장실로 가서 흐느껴 울었다.

마침내 스캇은 결정을 내렸다. 지난 6년간의 실적을 보니 자신의 판단이 잘못됐다는 것을 깨달았던 것이다. M.J.는 미래에 대한 남편의 과감하고도 새로운 비전에서 처음으로 확신을 느꼈다. 1976년 5월, 두 사람은 이제 완전한 자유를 위한 대가를 치를 준비가 되었다는 선언을 했다. 한마디로 비즈니스에 모든 것을 걸겠다는 의미였다.

하지만 그와 동시에 두려움과 의심, 그리고 여러 사소한 충돌이 잇달아 일어났다. 물론 몇몇 투쟁에서는 실패도 맛보았지만, 그들은 더 이상 물러설 수 없다는 바위 같은 믿음과 단호한 결정으로 기초를 탄탄히 세워나갔고 결국 그 인내력은 성과를 안겨주었다.

현재 이들은 10년 이상 다이아몬드를 유지하고 있으며 두 사람이 겪은 모든 투쟁은 분명 가치가 있는 것이었다. 개중에는 스캇과 M.J.가 매우 운이 좋은 사람이라고 생각하는 사람도 있을 것이다. 그러나 그 진실은 두 사람이 더 잘 알고 있다.

〈 지켜야 할 약속, 조지와 루스 헬시 〉

조지와 루스는 열심히 노력하는 사람들로, 최근에 확장한 차고의 값비싼 자동차들은 그들이 현재 하고 있는 일이 얼마나 대단한지 증명해 준다.

소년시절, 수줍음이 많았던 조지는 대서양 해안에 정박한 요트와 이제 막 출항하는 호화로운 배들을 바라보며 원대한 꿈과 멋진 상상을 하곤 했다. 그가 어머니에게 자신의 꿈을 이야기하면 어머니는 간단명료하게 충고했다.

"대학에 가야만 네 꿈을 이룰 수 있단다."

조지는 가슴속에 하나 가득 꿈을 품고 노스캐롤라이나의 A&T에 등록했다. 그리고 몇 년간 자신의 항해 야망을 접어두고 책과 밴드에 전념한 결과 밴드부 단장이 되었다.

11월 초, 풋볼경기가 있던 토요일에 아름다운 치어걸 단장이 원정 경기를 위해 타고 갈 버스를 놓쳐 할 수 없이 밴드부와 함께 타게 되었다. 마침 버스의 다른 자리는 꽉 찼는데 조지의 옆자리만 비어 있었다. 수줍음이 많았던 조지는 캠퍼스에서 그녀에게 말도 걸어보지 못했지만 이번에는 달랐다. 세상에서 가장 아름답고 멀리서 동경만 하던 그녀가 앞으로 몇 시간 동안 자신과 함께 있어야 하지 않는가. 그날 조지는 옆자리에 앉은 아가씨와 평생 지속될 대화를 시작했다.

　마침내 그들은 서로를 사랑하게 되었고 열렬한 구혼 기간에 조지는 루스의 아버지와 중요한 약속을 했다. 그것은 자신의 딸을 위해 가장 좋은 것만 해주겠다는 것이었다.

　결혼 전에 루스는 체육 교육과 현대 무용에서 학위를 받았고 지역사회 행사를 담당하는 고정된 일자리를 얻게 되었다. 더불어 지역사회 전문가이자 포부가 있는 젊은 아프리카계 미국 여성의 역할모델로서 루스는 점점 수준 높은 라이프스타일을 필요로 했다. 하지만 학위도 못 따고 대학을 그만둔 채 결혼한 조지는 매트리스 공장의 노동자에서부터 구둣가게의 재고담당 직원, 파자마 공장의 박스를 만드는 일까지 고달픈 직장생활에 얽매여야 했다. 물론 그는 야간경비원 일까지 해서 아내의 라이프스타일에 걸맞게 필요하다고 생각되는 물건들을 사주곤 했다.

　그러다가 조지는 그린스보로 경찰서에 경관으로 취직했고 그 지역에서 가장 위험한 구역의 순찰을 배정받았다. 그는 빠른 속도로 능력을 인정받았으며 지역 주민과 흉악범들에게까지도 존경을 받았다.

　어느 날 저녁, 조지는 술에 취해 제정신이 아닌 사람을 강제로 체포한 후 유니폼을 갈아입으려고 집에 왔다. 루스는 피가 여기저기 묻어 있는 옷을 입고 현관에 서 있는 남편을 보고 기겁을 했다. 조지가 자신의 피가 아니라고 말했지만 루스는 덜덜 떨기까지 했다. 저녁 늦게야 루스는 남편에게 "당신은 더 잘할 수 있어요"라고 속삭이며 격려를 해주었다.

루스의 격려와 자신의 능력에 대해 믿음이 생긴 조지는 이후 지방 보험회사의 청구서 지급조정자로 취직하게 되었다. 권총 대신 서류가방을 들고 출근을 하자 한껏 어깨가 으쓱해졌다. 그러나 성공의 계단을 올라갈수록 그들은 서서히 일에 대한 희생자가 되어갔을 뿐이다. 그들이 일을 위해 만나는 사람들은 교사와 보험사 중견간부가 감히 꿈꾸기 힘든 라이프스타일을 누리고 있었다. 물론 그들 역시 그리 나빠 보이지 않았지만 그것은 겉모습에 불과할 뿐, 그것을 계속해서 유지하기가 무척 힘들었다.

그러던 어느 날, 친구가 조지의 중고 이동주택을 사러왔다가 암웨이 비즈니스로 화제를 돌렸다(사실 암웨이는 이런 방법을 권장하지 않는다). 조지는 열심히 경청했고 즉시 매력을 느꼈지만 루스는 남편만큼 흥분하지 않았다. 비누를 파는 것은 루스가 생각하던 것과는 정반대의 일이었기 때문이다. 자신의 상류층 친구들이 대체 어떻게 생각할 것인가?

물론 루스도 돈이 필요하다는 것은 알고 있었다. 그러나 루스는 처음으로 들떠 있는 남편을 단념시키려고 했다. 아이러니하게도 루스는 진심으로 자신들의 인생에 재정적 기적이 일어날 수 있도록 기도했지만 그녀가 생각하고 있는 것은 분명 암웨이가 아니었다. 반면, 조지는 처음으로 20년 전 장인어른에게 했던 약속을 지킬 수 있는 방법을 발견한 셈이었다. 사업설명에서 본 것이 맞는다면 거의 잊혀졌던 소박한 항해의 꿈까지 이룰 가능성도 있었다.

비즈니스를 시작하고 셋째 주가 끝나갈 무렵, 조지는 펑션에 참석해 더 많은 것을 알게 되었고 주저하는 루스에게 함께 참석하자고 설득했다. 그 일을 계기로 루스는 처음으로 이 플랜이 얼마나 가능성이 있는가를 알게 되었다. 내슈빌 미팅에서 집으로 돌아오며 부부는 수많은 사람을 모으고 평생 파트너십을 확장하는 데 동의했다.

조지의 사업 확장 속도는 매우 빨랐고 시작한 지 채 한 달도 되지 않아 하룻저녁에 130명을 후원하기도 했다. 두 사람의 열정이 어찌나 강했던지 그것은 마치 바이러스처럼 전체 그룹으로 확산되어 나갔다. 나아가 두 사람은 실버, 펄, 에메랄드핀을 연속으로 획득했다. 그 과정에서 그들은 충족과 부를 얻는 비결은 다른 사람이 성공할 수 있도록 도와주는 데 있다는 것을 깨닫게 되었다. 그리고 초점을 자신의 은행계좌에서 다른 사람의 성공으로 옮김으로써 시작한 지 5년도 되지 않아 다이아몬드가 될 수 있었다.

다이아몬드가 된 것을 축하하기 위해 조지는 아내에게 돈을 내주며 마음대로 쓰라고 했다. 루스는 시내로 나가 발목까지 오는 아름다운 밍크코트를 사고 지폐뭉치에서 100달러짜리 지폐를 꺼내 계산했다. 조지는 보너스의 절반을 가지고 아내를 위해 희귀한 엑스칼리버 스포츠카를 사서 예쁘게 장식한 다음 깜짝 선물을 했다. 물론 조지는 자신의 꿈대로 요트도 구입했다.

항상 원대한 꿈과 멋진 상상을 했던 가난한 소년의 위대한 성공은 수많은 사람에게 격려가 되었다. 나아가 그들은 진정한 개척자이자 트리플다이아몬드라는 높은 레벨을 달성한 최초의 아프리카계 미국인 커플이 되는 명예를 얻었다.

〈 진실한 사람들, 제리와 페기 보거스 〉

제리와 페기 보거스는 눈에 보이는 그대로 꾸밈이 없고 진실한 사람들이다. 두 사람은 성공비결 만큼이나 결혼생활의 기복에 대해서도 아주 정직하게 털어놓았고, 모든 성공비결을 다른 사람들과 나누고 싶어 했다.

열심히 노력하는 대학원생의 아내로서 페기는 적은 수입으로 알뜰하게 살림을 꾸려가는 데 전문가가 되어 있었다. 제리가 입대했을 때 그들 가족은 노스캐롤라이나 포트브래그로 이사했고 정부에서 제공한 방 세 개짜리 아파트에서 살게 되었다. 그런데 정부에서 대부분의 청구서를 지불해 주었음에도 이들은 늘 빈털터리 신세였다. 월말이면 거의 주머니가 텅 비어 있었던 것이다.

어느 날 저녁, 고등학교 시절의 옛 친구가 제리에게 전화를 했다. 그 친구는 자신이 암웨이 비즈니스를 하는데 그 사업을 두 사람과 함께하고 싶다고 말했다. 마침 제리가 집에 없었던 터라 페기가 전화를 받았고 전에 두 번이나 플랜을 보았지만 관심이 없다고 설명했다. 제리가 군대에서 생화학 전문분야에서 일했기 때문에 무척 바빴던 것이다.

며칠 후 그 친구가 다시 전화를 해서 제리에게 대충 같은 설명을 했고 제리는 아내와 비슷한 대답을 했다. 하지만 그 친구는 물러서지 않고 말했다.

"이봐, 제리. 그 전 플랜은 내가 보여준 게 아니잖아. 한 번만 기회를 주게. 한번 자세히 살펴보라고. 그래도 내키지 않으면 두 번 다시 말하지 않겠네."

친구의 목소리에 진지함과 정직함이 담겨 있음을 느낀 젊은 대위는 약간 마음이 기울었다. 며칠 후 그 친구는 제리와 페기에게 플랜을 보여주었고, 제리는 자신만만하게 웃고 있는 옛 친구에게 확실히 뭔가가 있다는 느낌을 받았다.

그는 사업설명을 하면서 제리와 페기에게 개인생활에 대해 물었다.

"자네 부부는 꿈이 뭔가?"

두 사람은 당황했다. 꿈에 대해 생각해 본 적이 없었던 것이다. 확실한 지위는 유지하고 있었지만 사실은 정부의 지원으로 살고 있는 형편이었다. 고생 끝에 대학원을 졸업한 후 제리는 인생과 꿈을 나라에 담보로 맡긴 셈이었다. 그들에게는 성장을 이끌어 줄 그 무엇도, 희망에 찬 꿈도 없었다.

두 사람은 밤늦게까지 심오한 대화를 나누었다. 그러는 동안 젊은 군인의 마음속에는 그동안 잊고 지냈던 뭔가가 꿈틀거리고 있었다. 밤늦게 작별할 시간이 되었을 때 친구가 제리를 보며 말했다.

"자네가 이 일을 원하든 원치 않든 난 계속 이 일을 할 걸세."

더 이상 아무것도 필요치 않았다. 제리는 이미 시작하겠다는 결정을 내렸던 것이다. 제리와 페기는 곧바로 사업에 참여했고 그제야 오랫동안 잠자고 있던 실현 가능한 꿈이 다시 살아나면서 힘을 얻게 되었다.

그 다음 몇 달간 비좁은 보거스의 아파트는 비즈니스로 활기를 띠게 되었고 8개월 후 그들은 플래티늄이 되었다. 그들의 활동이 늘어날수록 열정도 배가되었고, 그들의 네트워크는 계속 그 폭을 넓혀가고 있었다.

다이아몬드가 된 후, 페기는 잠깐 휴식을 취하며 한숨을 돌렸다. 그리고 성공적인 암웨이 비즈니스를 쌓아가면서 터득했던 것을 10개 항목으로 정리해 보았다.

❶ 당신이 열심히 일한다면 나중에 깨끗한 집을 살 수 있습니다.

❷ 성실하고 진실하고 특별하십시오. 세상은 속임수로 물들어 있습니다.

❸ 남의 말을 잘 경청해야 합니다. 사람들은 자기 말을 잘 들어주는 사람을 따르는 법입니다. 일반적으로 '아니오'라는 말의 저변에는 두려움의 감정이 깔려 있습니다.

❹ 성공한 사람들은 외롭습니다. 당신의 성공에 모든 사람이 기뻐할 거라고 생각하지 마십시오.

❺ 시간과 사랑을 모두 준다는 원칙을 성실히 이행하십시오.

❻ 당신은 당신이 원하는 만큼 행복해집니다. 머리카락의 일부분처럼 행복은

선택입니다. 환경의 지배를 받지 마십시오. 당신이 어떤 역할을 해내고 있다는 것이 중요합니다. 마음속에 조금이라도 거부반응이 일어난다면 그것을 과감히 바꾸십시오.

❼ 남에게 먼저 양보하십시오.

❽ 심사숙고하십시오. 멀리 내다보는 사람이 되십시오.

❾ 사람들을 신뢰하고 그들이 자기 자신을 신뢰할 수 있도록 도와주십시오.

다른 사람들이 성공할 수 있다는 신념을 다시 가질 수 있도록 도와주십시오.

❿ 당신의 인생이 마치 꿈에 의지하는 것처럼 꿈을 가지십시오.

이 글은 유명하고 두꺼운 책에서 인용한 것이 아니라 인생의 진실한 성공 과정에서 경험을 통해 터득한 것이다. 페기와 제리는 정말로 그렇게 했고 결과적으로 성공했다. 시인 존 키츠(John Keats)는 지금으로부터 100여 년 전에 이렇게 말했다.

"경험하기 전에는 진짜란 하나도 없다. 속담조차 인생에서 실제로 경험하지 못하면 속담이 될 수 없다."

〈 전원의 햇빛처럼 자유로운, 론과 토비 헤일 〉

론과 토비 헤일은 마음이 편안했다. 재정적 안정과 더불어 좋은 사람들과 함께 지내는 것에서 마음의 안정을 찾을 수 있었기 때문이다. 이제는 이들을 전혀 모르는 사람도 토비의 부드러우면서 높은 톤의 목소리와 론의 따뜻한 바리톤 음성에 매료된다.

헤일 부부가 이 비즈니스에서 유성처럼 떠오른 것은 스스로를 시골사람이라 부르는 이들의 본래 계획에 없던 일이다. 버지니아주의 블루리지마운틴 출신인 두 사람이 원했던 라이프스타일은 실내에 수도와 가스 배관장치가 있고 실외에는 애완동물을 키울 수 있는 깔끔한 집에서 사는 것이었다.

고등학교를 갓 졸업한 론은 공군 신병모집 검사에 지원했고 군으로 떠나기 전에 지방 광부의 딸과 결혼했다. 그리고 아이들 셋이 차례로 태어나면서 기지 내에 있는 론의 좁은 주택은 갈수록 좁아졌다. 매달 론이 받아오는 150달러로는 먹고사는 것조차 힘들었기 때문에 어떻게든 방법을 찾아야 했다.

어느 금요일 저녁, 론은 토비에게 비즈니스 미팅에 참석할 예정이라고 말했다. 론이 알고 있는 것은 그게 전부였다. 자정이 다 되도록 남편이 집에 돌아오지 않자 토비는 슬슬 걱정이 되었다. 그러다가 새벽 2시가 되자 이젠 화가 나기 시작했다. 그런데 새벽 2시 30분에 들어온 론은 토비가 방망이와 프라이팬을 미처 잡을 새도 없이 토비를 번쩍 들더니 빙글빙글 돌았다. 론은 크게 웃으며 말했다.

"내 곁에 있어줘, 토비. 우린 부자가 될 거야. 부자가 될 거라고!"

다음날 론은 미친 듯이 이 방 저 방을 돌아다니며 품질이 떨어지는 가정용품을 찾아다녔다. 그는 그 이유를 대충 설명해 준 다음 토비를 데리고 사업설명 미팅에 참석했다. 미팅이 끝날 무렵 두 사람은 멋진 계획을 짰다. 토비는 소비자와의 전화 통화를 담당하고 론은 사업설명을 맡기로 했던 것이다.

처음 몇 달간 두 사람은 마음이 들떠 활발하게 비즈니스를 전개했다. 이웃, 친구, 가족, 그리고 주치의에게까지 사업설명을 하고 그들을 후원하면서 두 사람의 마음은 하늘을 날고 있었다. 그런데 시작한 지 8개월 후부터 플래티늄에서 사업이 정체되기 시작했다. 초기 목표와 추가수입이 빠르게 이뤄지면서 열정이 다소 식었던 것이다. 그들은 필사적으로 꿈을 조정해야만 했다.

그들은 덱스터와 버디 예거에게 연락해 미팅에 참석해 달라고 부탁했다. 론과 토비는 커다란 중학교 강당을 빌렸고 수백 명이 참석할 것을 기대하며 다과를 준비했다. 하지만 그 커다란 강당에 참석한 사람은 겨우 68명이었다.

그날 저녁 그들은 소중한 교훈을 얻었다. 예거는 헤일 부부에게 두 가지를 꼭 해내야 한다고 끈기 있게 설명했다. 첫째는 비전을 가지라는 것이었고, 둘째는 비즈니스를 하는 데 입증된 방법을 사용하라는 것이었다. 한마디로 다이아몬드의 말을 경청하라는 얘기였다. 그들은 철저히 자기 점검을 하고 새로 비즈니스를 시작해 새로운 플래티늄을 탄생시켰다.

론은 서른세 살 때 제대했는데 그로부터 채 4년도 안 되어 헤일 부부의 사업 규모는 먹고살기 위해 더 이상 정부에 의지할 필요가 없을 정도로 성장했다.

그는 군에서 제대한 후에도 아침에 일찍 일어났다. 하지만 출근을 했던 것이 아니라 현관에 나와 이웃 사람들이 출근하는 것을 지켜보았다. 그들은 암웨이 초창기에 론이 일하러 나가는 것을 보고 비웃던 사람들이었다. 며칠 후 그는 시내로 나가 눈부신 캐딜락을 구입했다. 그리고 그날 저녁 이웃 사람들을 불러 '비누를 팔아서 산 캐딜락'의 시동을 걸었다. 자신을 비웃었던 사람들에게 자신이 옳았음을 입증해 보였던 것이다.

〈 자유로운 여행, 짐과 다이나 마틴 〉

짐 마틴 박사는 켄터키에서 키가 크고 솜씨 좋은 수의사 중 한 명이었다. 그는 축사에서 커다란 동물들을 유능하게 다뤄 말 박사로서 유명해지기 시작했다. 그런데 수의사는 주로 왕진을 다녀야 했기 때문에 하루하루가 바쁘고 심지어 끼니를 제때에 챙겨먹지 못하는 날도 많았다.

짐과 다이나는 짐이 학교에 다니던 시절에 결혼했기 때문에 다이나는 남편의 학업을 뒷바라지하기 위해 집집마다 돌아다니며 이런저런 물건을 팔았다. 그들의 꿈은 소박했지만 지불해야 할 청구서는 갈수록 쌓여만 갔다.

마침내 대학을 졸업한 짐은 이를 축하하기 위해 아내가 갖고 있던 방문판매용 제품과 카탈로그를 모두 쓰레기통에 던져 버렸다.

"드디어 당신은 의사 부인이 된 거야!"

하지만 두 사람은 곧 직함과 신분만으로는 청구서를 갚을 수 없다는 것을 깨달았다. 갚아야 할 교육비 대출금, 병원을 개업하느라 빌린 엄청난 돈, 그리고 늘어나는 가족의 욕구로 인해 끊임없이 생겨나는 스트레스는 점점 커져갔다. 이로 인해 짐은 전보다 자주 압박감을 느꼈고 가끔은 감정을 폭발하기도 했다.

그때 다이나는 암웨이를 알게 되었고 그것이 늘어만 가는 재정난을 풀어줄 해답이 될지도 모른다는 생각이 들었다. 그녀가 가장 좋아하는 테이프 연사는 앨라배마 건터스빌의 톰과 캐롤린 페인 부부였다. 다이나는 짐이 톰의 말을 들으면 짐도 톰(치과의

사)처럼 해낼 수 있으리라고 믿었다.

남부 앨라배마의 미팅에서 집으로 돌아오는 길에 다이나가 짐에게 물었다.

"여기서 건터스빌까지 얼마나 걸려요?"

"몇 시간 걸릴 거야. 왜?"

다이나는 수줍은 듯 더듬거리며 그녀의 비즈니스 영웅이 그곳에 살고 있다고 설명했다. 그때 짐은 이참에 아내가 좇고 있는 꿈이 엉터리라는 것을 보여주어야겠다고 생각했다. 그는 '다이나가 헛된 희망을 좇고 있으며 그런 어쭙잖은 테이프에서 말하는 것처럼 그렇게 사는 사람은 없다'고 생각했다. 그는 자신의 주장을 확인시켜 주기 위해 고속도로를 빠져나와 건터스빌이 있는 서쪽으로 차를 몰았다.

건터스빌에 도착하자 다이나는 "안부나 전하려고 전화했다고 하면 괜찮을 거예요"라고 말하며 공중전화기 앞으로 다가갔다. 놀랍게도 캐롤린 페인이 직접 전화를 받았고 커피나 한 잔 하러 오라고 했다. 차 안에서 아내를 바라보고 있던 짐은 아내가 미소를 짓자 결국 어디로 가야 하는지 깨달았다. 그는 손으로 신호를 하면서 시간낭비 그만하고 이제 집으로 돌아가자고 우겼다. 다이나는 잠깐만 들렀다 가자고 계속 짐을 설득했다.

톰과 캐롤린은 차도에서 기다리고 있다가 짐과 다이나를 그들의 저택으로 친절하게 안내했다. 캐롤린과 다이나가 얘기를 나누고 있는 동안 톰은 짐에게 집을 구경시켜 주었다. 주위를 한 바퀴 돌아보고 나서 짐은 속으로 톰과 캐롤린의 성공에 엄청난 충격을 받았다. 무엇보다 톰이 계속해서 병원에 앉아 이를 뽑지 않고도 그 모든 것을 이룰 수 있었다는 것이 맘에 들었다. 짐은 21년간 공부를 했어도 알지 못했던 자유기업 시스템의 요지를 톰을 만난 단 30분 만에 이해하게 되었다.

집으로 돌아오면서 짐은 다이나의 판단을 인정했다.

"뭔가 아주 이상한 일이 일어났었던 것 같아."

톰은 장의사 레이에게 접는 의자를 빌려와 첫 번째의 대규모 사업설명회를 열었다. 그렇게 새로운 비즈니스의 첫 장이 열렸던 것이다. 그리고 몇 년 후 마틴 박사는 가축병원을 그만두었다. 다이나는 개인적으로 은퇴 공고문을 작성해 지방신문에 발표했다. 몇 줄 안 되는 그 독립선언문은 마틴 부부처럼 자유를 갈망하는 다른 많은 가족을 위해 암웨이 비즈니스의 본질을 요약한 것이었다.

"8월 6일, 짐 마틴 박사는 스물아홉 살의 나이로 은퇴합니다. 가족과 함께 미국 전역을 여행하며 자유를 택할 수 있는 방법을 여러 사람과 함께 나눌 것입니다."

짐과 다이나는 되찾은 꿈을 간직하고 신형 모터홈에 올라 자유롭게 여행했다. 현재 두 사람은 대저택에 각각 별채를 지어 부모님은 물론 세 아들 가족과 함께 살고 있다.

에필로그

꿈은 언제든 깨질 수 있다. 꿈은 노력하지 않아도 마음속에서 쉽게 피어나지만 그만큼 쉽게 사라질 수도 있다. 이런 종류의 꿈은 거품과도 같고 아름다우며 색깔도 화려하지만 현실의 아주 작은 도전도 견디지 못한다.

꿈이 깨지는 것은 부정적인 환경 때문이다. 훌륭하고 잘 계획된 꿈조차 비난이나 실패로 사라질 수 있다. 이러한 꿈은 단순한 바람에 지나지 않는다. 용감하게 시작했어도 어려운 환경으로부터 도전을 받으면 시들거나 사라져버리는 시시한 꿈일 뿐이다.

네트워크마케팅 세계에는 지난 50년간 수많은 꿈이 모여 들었다. 어떤 꿈은 쉽게 태어나지만 그런 꿈은 조그마한 역경에도 견디지 못하고 사라져버리고 만다.

　암웨이는 꿈과 더불어 시작되었다. 그리고 거의 50년이 지난 오늘날 분명하게 드러난 것이 하나 있는데, 그것은 강인하고 역동적인 꿈을 갖는 것이 무엇보다 중요하다는 점이다. 이것은 수백만 명에게 진정한 재정적 자유를 안겨주는 그런 꿈을 말한다.

　리치 디보스와 제이 밴 앤델은 그런 소박한 꿈으로부터 시작했다. 덱스터 예거도 그 꿈에 동참했고 시간이 흐르면서 많은 이들이 그 꿈을 받아들여 도전하게 되었다. 그 과정에서 이런저런 평가가 나오는 것은 피할 수 없는 현실이다. 특히 중요한 것은 그것이 소멸되지 않는 꿈이라는 점이다.

　암웨이는 구조적으로 탄탄하며 희망과 인적자원 에너지로 가득 차 있어 어떠한 역경도 극복하고 비난을 견뎌낼 능력이 있다. 암웨이는 믿음과 용기가 있는 사람들에게 희망과 용기를 주며 그들이 강해지면 강해질수록 암웨이도 강해진다. 암웨이는 비슷하게 모방하는 형태들을 대수롭지 않게 여긴다. 그런 것에 신경 쓰기보다 실수를 통해 배우며 스스로 개혁한다. 암웨이는 비평을 회피하지 않으며 역경 속에서 즐거워하고 그 과정 속에서 성장한다.

어떠한 신체적 고통도 이러한 꿈을 죽일 수는 없다. 덱스터 예거 역시 개인적으로 경제적 어려움과 슬픔 속에서도 그 꿈을 소중히 간직했다. 헬렌 휴브너에게 그처럼 느려 보이던 출발도 그 꿈을 빼앗아가지는 못했다. 팀 브라이언에게는 언어 문제와 종교 문제가 있었다. 그러나 도중 하차하는 파트너와 수많은 거절도 이들을 좌절시키지는 못했다. 진정 중요한 것은 어떤 상황에서든 사라지지 않는 꿈이다.

전 세계의 수많은 사람이 이제 이러한 비전을 이끌어가는 암웨이의 능력을 인정하고 있다. 많은 기업가와 회사가 이 분야에 과감하게 뛰어들었지만 대부분 실패를 맛보았고 몇몇 회사만 살아남았다. 그중에서도 특히 암웨이는 다른 모든 비슷한 형태의 회사들이 자신을 평가하는 기준이 되었다.

암웨이는 비전 있는 분야의 일이 으레 그렇듯 이런저런 역경도 겪었다. 그러나 그 모든 역경을 딛고 승리했으며 그 과정에서 오히려 더욱 강한 존재로 거듭났다. 그럼에도 여전히 많은 사람이 암웨이 IBO들이 지닌 이 꿈의 위력을 잘 이해하지 못한다. 어쩌면 그 이유는 암웨이가 가장 역동적이고 굳건한 꿈 그 자체이기 때문인지도 모른다.

전 세계 수많은 사람들의 가슴속에 희망을 심어준 이 비즈니스는 사라지지 않을 영원한 꿈으로 자리 잡고 있다.

암웨이 신화

초판 1쇄 인쇄 2009년 6월 12일
초판 5쇄 발행 2014년 1월 15일

지은이 찰스 폴 콘 | 옮긴이 박 옥
펴낸이 김명선 | 펴낸곳 도서출판 나라
등록번호 제11-227호 | 주소 서울시 송파구 송파동 43-1번지 3F
전화 02)415-3121 | 팩스 02)415-0096 | 이메일 narabooks@hanmail.net
ISBN 978-89-89806-52-3 | 값 8,500원

Copyright © 1996 by Charles Paul Conn
This Korean language edition is published by arrangement with InterNET Services
Corporation, USA. Translation copyright © 2009 by Nara Publishing Co.

이 책의 한국어판 저작권은 InterNET Services Corporation, USA와의 계약에 의해
나라출판사에 있습니다. 한국 내에서 보호를 받는 저작물이므로 무단전재와 무단복제를 금합니다.

Portions of the material in chapter 1 are adapted from The Possible Dream with
permission from Fleming H. Revell Company, Grands Rapids, Michigan.
Photos used by permission from Amway Corporation and InterNET Services Corporation.

제 1장 내용 중 일부는 미시건 주의 그랜드 래피즈에 위치한
플래밍 H. 레벨사의 허가에 의해 "꿈의 실현"에서 인용되었습니다.
사진은 암웨이사 및 인터넷서비스사의 허가를 받아 게재하였습니다.

*좋은 독자가 좋은 책을 만듭니다.
*나라출판사는 독자 여러분의 의견에 항상 귀 기울이고 있습니다.